ふるさと再発見の旅 九州1

清永安雄 撮影

産業編集センター

ふるさと再発見の旅　九州1

ふるさと再発見の旅　九州1　目次

福岡

津屋崎《つやざき》―「津屋崎千軒」―海運で栄華を極め、塩で九州を支えた町…008

木屋瀬《こやのせ》―木屋瀬宿に泊まり異国で果てた、ある白象の孤独な生涯…016

ノスタルジック商店街　川端通商店街　一三〇年の歴史を持つ、博多を代表する商店街…025

名画名作の舞台を訪ねて　『博多っ子純情』　博多の町の人情風物を全国的に知らしめた、記念すべき作品…026

小石原《こいしわら》―柳宗悦《やなぎむねよし》に「用の美の極地」と言わしめた小石原焼の里…028

比良松《ひらまつ》―見事な千本格子の商家が連なる、平らな松の村…036

祭り　泥打祭《どろうちまつ》り…045

筑後草野《ちくごくさの》―街道沿いの古い町並みと豪農の邸宅街、二つの顔を持つ町…046

わが町自慢の市場食堂　牟田《むた》食堂　早朝から久留米市民の胃袋をみたす大衆食堂…054

著名人の生家を訪ねて
北原白秋生家《きたはらはくしゅう》 詩聖・北原白秋が生涯愛し続けた故郷柳川と生まれ育った家 … 055
重要伝統的建造物群保存地区 … 056
八女市黒木《くろぎ》／八女市八女福島《やめふくしま》／うきは市筑後吉井《ちくごよしい》／うきは市新川田篭《にいかわたごもり》／朝倉市秋月《あきづき》

佐賀

呼子《よぶこ》──イカと朝市でにぎわう風情ある漁師町 … 062
コラム 「石垣」がつなぐ名護屋城と浜野浦《はまのうら》の棚田 … 070
祭り 呼子大綱引《よぶこおおつなひき》 … 074
ノスタルジック商店街 京町商店街 新しい商業施設で復活をねらう … 075
上無津呂《かみむつろ》──山村の素朴な暮らしと静かな時間 … 076
小城《おぎ》──砂糖の道、長崎街道沿いの羊羹《ようかん》の町 … 084
わが町自慢の市場食堂 お食事処一成《いっせい》 青果市場の中にある穴場的な食堂 … 090

著名人の生家を訪ねて
下村湖人《しもむらこじん》生家
苦難に満ちた幼少期をすごした家…091

肥前鹿島《ひぜんかしま》——今も残る武家町の面影と雄大な干潟風景…092

名画名作の舞台を訪ねて
『佐賀のがばいばあちゃん』
超貧乏暮らしの家を再現し武雄の美しい風景をふんだんに盛り込む…098

重要伝統的建造物群保存地区…099
嬉野市塩田津《しおたつ》／鹿島市浜庄津町浜金屋町《はましょうづまちはまかなやまち》／鹿島市浜中町八本木宿《はまなかまちほんぎしゅく》／有田町有田内山《ありたうちやま》

長崎

田助《たすけ》——幕末の志士たちが未来を語り合った、九州の片隅の小さな港町…104

宮ノ浦《みやのうら》——港の中に神聖な島が浮かぶ「橋で結ばれた日本最西端の港町」…112

三川内皿山《みかわちさらやま》——庶民には手の届かなかった高級品、今は誰にも広く愛される器に…120

ノスタルジック商店街
とんねる横丁
高さ八メートルの防空壕をそのまま使った、珍しい商店街…128

著名人の旧宅を訪ねて
楠本端山《くすもとたんざん》旧宅
儒教を基とする尊王を説いた儒学者の暮らしぶりが見える邸宅…129

大村玖島《おおむらくしま》——二万七千石の城下町は、藩主に翻弄され続けたキリシタンの町…130

茂木《もぎ》——通称「長崎の奥座敷」、美味い魚と「びわ」が自慢ののどかな港町…138

名画名作の舞台を訪ねて
『長崎ぶらぶら節』
「長崎の古か歌ば探して歩かんね」
——初老の学者と丸山芸者の旅が始まった…146

わが町自慢の市場食堂
長崎水産食堂
創業昭和二十二年、
魚介が自慢のアットホームな食堂…148

祭り
畳破《たたみやぶ》り…149

重要伝統的建造物群保存地区…150
長崎市東山手《ひがしやまて》／長崎市南山手《みなみやまて》／雲仙市神代小路《こうじろくうじ》／平戸市大島村神浦《おおしまむらこうのうら》

大分

院内《いんない》——深い渓谷に広がる日本一の石橋の郷…156

祭り
米神山巨石祭《こめかみやまきょせきさい》…164

著名人の旧宅を訪ねて
福澤諭吉《ふくざわゆきち》旧宅
大阪から移り住んだ幼少の頃の家…165

戸次本町《へつぎほんまち》——帆足《ほあし》本家を中心に古い建造物が点在する…166

今市《いまいち》──石畳が江戸時代へと誘う宿場町…174

ノスタルジック商店街
昭和の町　昭和三十年代のままの姿が残るレトロ商店街…182

名画名作の舞台を訪ねて
『なごり雪』　一九七〇年代の名曲をモチーフに叙情あふれる物語を映像化…183

保戸島《ほとじま》──ゆっくりと流れる島時間を楽しむ…184

山際《やまぎわ》通り──武家町の面影が随所に残る石畳の道…192

わが町自慢の市場食堂
鮮度壱番《せんどいちばん》　魚のまち、寿司のまち佐伯を堪能する海の市場…199

重要伝統的建造物群保存地区…200
日田市豆田町《まめだまち》／杵築市北台南台《きただいみなみだい》

福岡

木屋瀬
津屋崎
朝倉市秋月
明治橋
川端通商店街
福岡市
小石原
筑後草野
比良松
牟田食堂
八女市八女福島
うきは市浮羽町田篭
北原白秋生家
うきは市筑後吉井
八女市黒木

津《つ》屋《や》崎《ざき》（福津市津屋崎）

「津屋崎千軒」――海運で栄華を極め、塩で九州を支えた町

津屋崎という美しい響きのこの町は、町の西から北にかけて玄界灘に面した風光明媚な土地で、古くから筑前を代表する港としてにぎわっていた。江戸時代には廻船業の拠点として栄え、その繁栄ぶりは家が千軒もひしめくようだったことから「津屋崎千軒」と呼ばれた。当時、家が千軒も並ぶほど栄えていた港町は、福岡の芦屋千軒、下関の関千軒と津屋崎の三カ所だけだったというから、その隆盛ぶりが伺える。

またもう一つ、津屋崎の名を九州じゅうに知らしめた名産品が「塩」である。寛保元（一七四一）年、讃岐から商用でここを訪れた大社元七《おおこそもとしち》が、津屋崎から勝浦につながる海岸の荒れた様子を見て、福岡藩に塩田開発を申し出た。藩から許しを得ると、讃岐から家族と一族郎党を呼び寄せて開発を始め、二年後の寛保三（一七四三）年に塩釜を立てて製塩を開始した。

この塩田は総面積約四十ヘクタール、産塩高約五万石（約九トン）という大規模な

約230年の歴史を持つ素朴な素焼きの津屋崎人形

もので、従事者約四百人、塩商人約百人という大事業となり、名実ともに九州一の塩田に育っていった。藩はこの功績を讃えて、大社に浜庄屋脇差乗馬御免の待遇を与えたという。

「津屋崎の粗塩」は味噌・醤油・漬け物などの博多の味に欠かせないものとなり、江戸期は筑前の製塩量の九十%以上、明治期にも県内の三分の一を賄っており、「津屋崎は塩で保《も》つ」ともてはやされた。

　こうして津屋崎は海運の拠点として、また塩田の町として、明治から大正にかけても繁栄が続いたが、やがて陸上交通の発展に伴い、また塩の専売法施行などにより、次第にその勢いを失ってゆく。そして昭和四十六年、ついに塩田は廃止された。

　栄華を極め、豪壮な邸宅が軒を連ねた町並みも、残念なことに江戸時代からの度重なる大火でそのほとんどが消失。現在の津屋崎の町には、当時の面影を残す建物はあまり残っていない。だがそんな中でも、創業百四十年の造り酒屋「豊村酒造」や、元藍染屋の上妻家（現在は津屋崎千軒民俗館「藍の家」）など、歴史的に価値の高い往時の建築様式が見られる重厚な家屋が数軒残っており、その一帯の町並みは今もかなり見応えがある。

　現在、町ではボランティアの方たちが町並み保存に力を入れているようで、民俗館や町おこしセンターを開設して観光客誘致や地域文化の交流活動を行なっている。こうした地道な努力が報われるよう、これからも応援していきたい。

板張りの素朴な漁師小屋

豊村酒造の店舗。杉玉の後ろの壁に鏝絵がある

津屋崎のシンボル、豊村酒造の煙突

FURUNO
F02-6594
YAMAHA
F03-32752
恵比須丸

津屋崎港は江戸時代から昭和初期まで、
塩田の積み出し港として大いに栄えた

素朴さと重厚な安定感で人気の津屋崎人形

津屋崎千軒民俗館「藍の家」。明治34年に建てられた元紺屋（藍染めの染物屋）。当時の町家の特徴が数多く残っている

津屋崎千軒民俗館 藍の家
住所：福津市津屋崎4-14-20
電話：0940-52-0605
開館時間：10:00〜16:00（日曜日のみ17:00まで）
定休：8/13〜8/15、12/29〜1/4
入館料：無料、和室貸切の場合1時間：110円

★津屋崎への行き方
JR福間駅よりバスで約15分商工会津屋崎支所前下車
九州縦貫自動車道古賀ICより車で約20分

おすすめランチ

●空と海御膳

玄界灘の海の幸を堪能できる、漁港の食堂。お店の名前を冠した「空と海御膳」は刺身、煮魚、茶碗蒸し、小鉢など盛りだくさんのメニューで大満足間違いなし。刺身の舟盛りが楽しめる豪華な大漁御膳も魅力的だ。

「つやざき漁港食堂　空と海」
福津市津屋崎4-47-18津屋崎漁港
お魚センターうみがめ2階

木屋瀬《こやのせ》（北九州市八幡西区木屋瀬）

木屋瀬宿に泊まり異国で果てた、ある白象の孤独な生涯

木屋瀬宿は、長崎街道の宿場町「筑前六宿《ちくぜんむしゅく》」の一つで、長崎街道と赤間道との追分の宿として栄えた町である。長崎街道は、江戸幕府唯一の開港場だった長崎と小倉を結ぶ脇街道。世界からの文物や情報を全国に伝える、重要な役割を担った街道だった。

宿場は約千百メートルの街道で、裏通りの全くない一本道。中間にある本陣付近で道は「く」の字に曲がり、家並みはノコギリの歯状に建てられている。「矢止め」といわれる、敵襲の際にくぼみに隠れたり、不意を突いて攻撃したりするための工夫である。百年前からほとんど変わらない町並みに、江戸時代の佇まいを残す古い町家が今も数多く残っている。特に目立つ豪壮な屋敷などはないが、物静かで落ち着いた雰囲気が、しみじみと懐かしさを感じさせる町だ。

ところで木屋瀬宿には、ドイツ人医師のシーボルトやケッペル、測量学者の伊能忠敬なども泊まったらしいが、実は人間だけでなく、白象が泊まったという記録も残ってい

る。なぜ象が泊まったのか？　ちょっと珍しいエピソードなのでここにご紹介しよう。

この象を注文したのは八代将軍徳川吉宗である。享保十三（一七二八）年六月、ベトナムからオスとメスの白い象が唐船に乗って長崎にやってきた。二頭の象は船から波止場へと誘導され、十善寺村の唐人屋敷で飼育されていたが、メスはまもなく死亡。残されたオスは翌年の三月、吉宗のいる江戸へと出発。象の飼育係と通訳を道連れに、三トンの巨大な体と長い鼻を揺らして一歩一歩長崎街道を行進していった。

木屋瀬宿に泊まったのもこの時だが、何しろ将軍様に献上される象である。何かあっては一大事と、街道沿いの宿場町はどこも大騒ぎだったらしい。道路の障害物は全て取り除き、象の飲み水や食料を準備し、橋を補強するなどの作業が、木屋瀬宿をはじめ象の通る街道沿いの宿場全てで行われたという。象はこの後四月に京都へ到着し、天皇と謁見。五月に江戸でついに吉宗に会う。象の旅は約千三百キロ以上、かかった日数は八十日。この間毎日、象は一日に米八升、餡なしの饅頭五十個、橙五十個をペロリと平らげた。

江戸では十年以上浜御殿（現在の浜離宮）で飼われていたが、ある日飼育係が象に殺されるという事件が起き、民間に払い下げとなった。中野に建てられた象舎で堀を巡らした柵の中、足に鎖をつけて飼育した。象は大人気で大勢の見物客を集める見世物となり、一年後には死んでしまった。死亡原因は栄養失調とも伝えられている。

こうして江戸に一大ブームを巻き起こした白象は、異国で孤独な最期を遂げ、特異なその生涯を閉じた。

なつかしい丸いポスト

「是より右赤間道、左飯塚道」の追分道標

木屋瀬本陣の門

レトロな雰囲気の猫グッズの店

宿場町木屋瀬を知る記念館「みちの郷土資料館」

記念館にある芝居小屋風のホール「こやのせ座」

北九州市立長崎街道木屋瀬宿記念館
みちの郷土資料館
住所：北九州市八幡西区木屋瀬3-16-26
電話：093-619-1149
開館時間：9：00〜17：30（入館は17：00まで）
定休：月曜日（祝日の場合は翌日）、12/29〜1/3
料金：大人240円、高校生120円、小中学生60円、小学生未満：無料

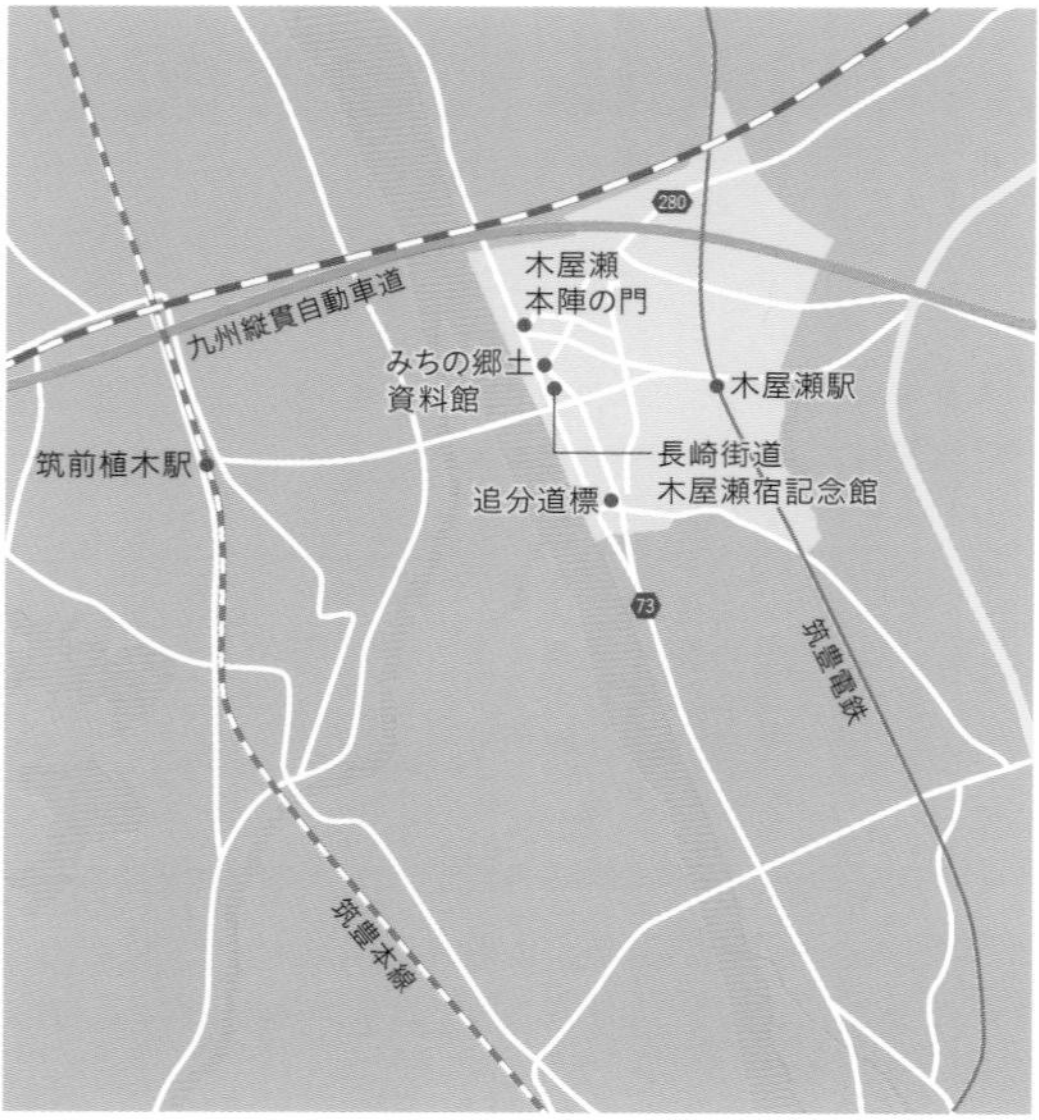

★木屋瀬への行き方
筑豊電鉄木屋瀬駅より徒歩で約7分
九州縦貫自動車道八幡ICより車で約15分

ノスタルジック商店街

川端通商店街（福岡市博多区上川端町）

一三〇年の歴史を持つ、博多を代表する商店街

映画『博多っ子純情』（次ページ参照）の舞台となった川端通商店街は、博多で最初に栄えた商業の町で、一三〇年以上の歴史をもつ商店街である。

川端中央商店街と川端商店街という、ちょっと紛らわしい名前の二つの商店街から成り、全長四〇〇メートル、一三〇軒以上の店舗が建ち並ぶ。老舗から新しい店までさまざまな店舗があるが、それらがバランス良く調和していて、とても便利な商店街になっている。

川端の名の元になった川は、商店街に沿って流れる博多川。川端町は「博多祇園山笠」の町としても知られ、祭りの期間、この商店街には唯一の走る飾り山笠が展示される。

すぐ隣りに九州一の歓楽街「中洲」があり、年間を通じて全国および海外からも来客がある、国際的な一大ショッピング街である。

名画名作の舞台を訪ねて

『博多っ子純情』(福岡市)

漫画 長谷川法世作・一九七六〜八三年
映画 曽根中生監督・一九七八年

博多の町の人情風物を全国的に知らしめた、記念すべき作品

『博多っ子純情』は、福岡ゆかりの映画といえば必ず出てくる作品だ。原作は長谷川法世の漫画。一九七六年から一九八三年まで、双葉社の漫画アクションに連載され、単行本も何度か発行された。

映画化は一九七八年で、曽根中生監督。博多弁丸出しの中学生・六平の、熱くて熱くてヤケドしそうな思春期の物語。ガールフレンドの類子を相手に、性の目覚めに不器用に、だが純情にぶつかっていく六平の姿が愛おしく、また博多人形師の父や、いかにもニッポンのお母さんといった母をはじめ、ドタバタだが、四十年以上前の博多の商店街の人々の人情味あふれる生き様が懐かしく、魅力的に描かれる。「博多」の町の人情風物を、全国的に知らしめた映画といえよう。

主人公の六平を演じているのは、今も名バイプレイヤーとして活躍している光石研。北九州市出身の光石のデビュー作である。光石はこの映画のエキストラ募集広告を見て軽い気持ちでオーディションを受けたが、いきなり主役の中学生役に選ばれ、これをきっかけに俳優の道に進むことになったという。

それにしても、全編クセの強い方言で喋りまくる博多弁は強烈。博多出身でなくても、見終わった後しばらく「しぇからしか!」が口癖になる。

上／冒頭に登場する博多の総鎮守・櫛田神社。博多祇園山笠が奉納される神社で、博多っ子からは「お櫛田さん」の愛称で親しまれている。
下／六平と類子が二人で歩いた川端通商店街。今も130軒の店舗が並ぶ、博多を代表する商店街。

中洲に遊びに行く六平たち悪ガキが、川端通商店街を抜けて博多川にかかる明治橋を渡る。

小石原《こいしわら》（朝倉郡東峰村小石原）

柳宗悦《やなぎむねよし》に「用の美の極地」と言わしめた小石原焼の里

日本三大修験山のひとつで知られる霊山・英彦山《ひこさん》の麓、標高千メートル台の山々に囲まれた盆地に、焼き物の里・小石原がある。この一帯の山々からは質の良い赤土が取れる。寛文五（一六六五）年、高取八之丞がここで陶土にぴったりのこの土を発見し、窯を開き、主に茶道用の陶器を焼き始めた。小石原焼の始まり。その後、茶陶だけでなく、食器や花器など日常の暮らしを彩るさまざまな陶器を作り始めた。

小石原焼の特徴は、ロクロを回しながら鉋《かんな》で土を削る「飛び鉋」、刷毛《はけ》で模様を描く「刷毛目」「櫛目」「指描き」などの特殊な技法で表現する独特の模様で、素朴で温かく、優しい質感が持ち味だ。

大正時代、小さな山里の村で作られていた小石原焼の名を全国的に有名にしたのは、柳宗悦である。柳は、小石原焼の独特の技法を「用の美の極地」という言葉で賞賛し

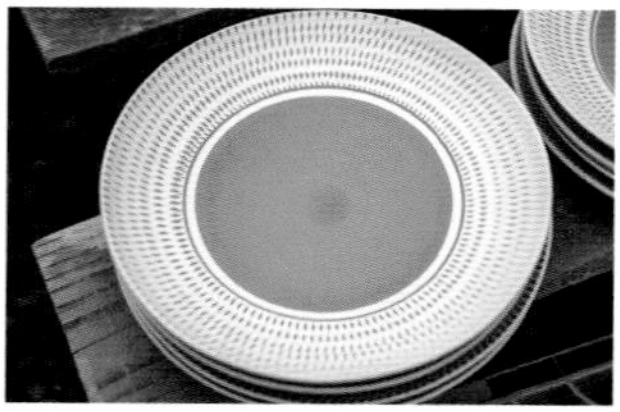

小石原焼の伝統的技術の一つ
「飛び鉋（かんな）」

た。このことは当時マスコミに大きく取り上げられ、小石原焼は一躍人気の焼き物となった。また昭和五十年には陶磁器で初めて国の伝統的工芸品に認定された。

実は最初の開窯以来、小石原焼の窯元は一子相伝の慣習を守ってきた。だがこうして民藝ブームが巻き起こったことから、焼き物を求めて小石原を訪れる人が増え、その需要に応えるために窯元は広く人材を集めるようになる。世襲制は徐々に和らぎ、町には個人窯元も増えていった。現在、小石原の窯元は五十以上ある。それぞれが小石原焼独自の伝統的技法を守り伝えつつ、新たな技法にもチャレンジし、新しい作品も作り出している。

さて、そんな小石原の町は、町を縦断する国道二一一号線の沿線に多くの窯元が並んでいて、そこが「陶芸ロード」と呼ばれるメインストリートだ。だがここだけではなく、絶対に訪れて欲しいのは、「道の駅小石原」横の脇道を入った「皿山」というエリア。ここが小石原焼発祥の地で、古くからの窯元が十軒以上点在している。

皿山には石畳が敷かれ、積み上げられた薪や窯の煙突、店の前でずらりと天日干しされている素焼きの器など、焼き物の里らしい風情ある光景が見られる。石畳のエリアは全長約二百五十メートル。道の駅に車を停めて、ここはぜひ歩いて欲しい。豊かな自然に包まれた道沿いに、点々と現れる茅葺きや古民家の窯元は、みな店舗を持っていて、正価品のほかお買い得品もけっこう並べている。一軒一軒訪ねれば、それぞれの模様や形の違いがわかって面白いし、きっとお気に入りの一品が見つかると思う。

小石原焼のふるさとは、山々に囲まれた東峰村

庭先で天干しされる素焼きの器たち

小石原には約50軒の窯元が並んでいる

石畳の道沿いに古い窯元が残る皿山地区

柳瀬 窯元

筑前小石原焼
早川窯元
展示場

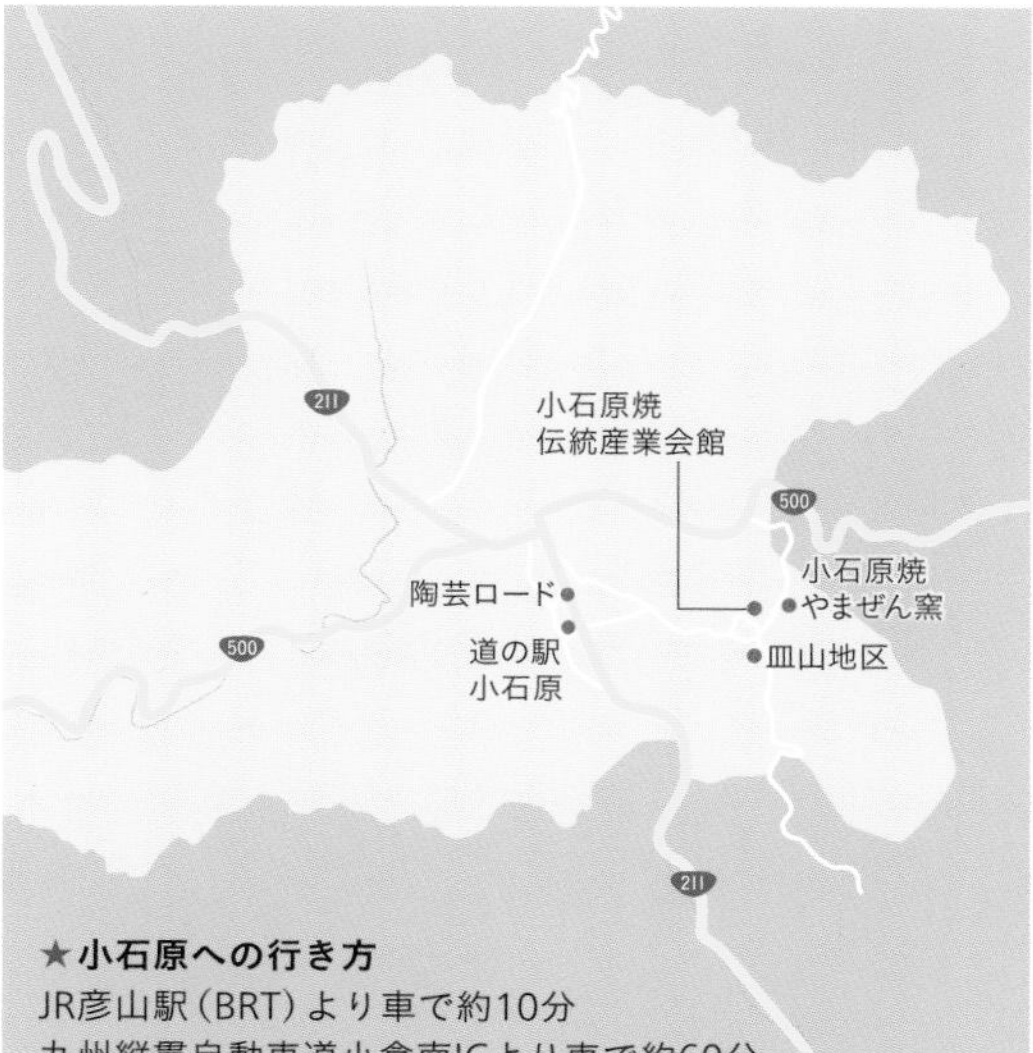

★小石原への行き方
JR彦山駅（BRT）より車で約10分
九州縦貫自動車道小倉南ICより車で約60分

小石原焼伝統産業会館
住所：朝倉郡東峰村小石原730-9
電話：0946-74-2266
開館時間：9:00〜17:00
定休：火曜日（祝日の場合は翌日）、年末年始
入館料：大人：250円、高校・大学生：200円、小・中学生：150円（団体割引あり）

比《ひ》良《ら》松《まつ》（朝倉市比良松）

見事な千本格子の商家が連なる、平らな松の村

戦国時代の天文二三（一五五四）年、北九州の豪族・少《しょう》弐《に》氏《うじ》の末裔である古賀新左衛門は、宮野菅生（現在の朝倉市須川）の辺りに新しく村をつくり、そこに枝を四方に広げた平らな形の松を植え、村名を平松と名付けた。平松村はその後、寛文年間に比良松と表記が改められた——これが比良松村誕生の由来である。件《くだん》の松はその後も永くその姿をとどめていたが、明治十年の火災で焼け、それが元で枯れてしまったという。

江戸から明治にかけての比良松は、日田街道沿いの在郷村として大いに発展した。道の両側にはさまざまな商店がひしめき、近隣の農村などからの買い物客でにぎわった。朝倉一帯は古来からの穀倉地帯で、良質米として知られた筑紫米の中でも最上といわれた上座米の産地だった。比良松はその上座米のほか、上座煙草や蠟燭《ろうそく》の原料となる櫨《はぜ》（特に筑前櫨は全国的に有名だった）の中心地として、明治期には繁栄のピークを迎えた。

しかし、明治の末に新県道（現国道三八六号線）が開通し、さらにその県道上に朝倉軌

道（二日市―甘木町間を結んだ鉄道路線。一九四〇年に廃止された）が敷設されたことで、にぎわいは次第に新県道沿いの商店街へと移っていった。だが、これにより比良松の町は近代化に取り残され、結果として昔のままの町並みがそのまま残されることになった。

　現在の比良松は人口八百人足らずの小さな集落だが、桂川と並行して伸びる日田街道沿いに、今も古い家並みがおよそ二百メートルに渡って建ち並び、懐かしい風景を見せている。妻入り入母屋造りの伝統的な商家群の最大の特徴は、見事な千本格子が残っていることである。古い町並みでは、千本格子自体はそう珍しいものではないが、これだけズラリと連続して並んでいる例はあまり見かけない。貴重な景色である。

　最後に、読者諸氏の中にもし機会があって比良松を訪れる方がいたら、ぜひ足を伸ばして見ていただきたいものがある。比良松の町から南東に車で十五分ばかりの菱野にある「三連水車」である。寛政元（一七八九）年、旱魃の被害を防止するため、筑後川から水を引く堀川用水が設けられたが、この地は一部川面より高いところにあったため、自動回転式の三連水車が設置された。今も現役で、日本最古の実働する水車として全国的にも有名とのことだ。

　水車は「田んぼのＳＬ」の愛称で親しまれ、観光客に人気のスポットらしく、たくさんの人であふれていた。正直に言うと実はさほど期待してなかったのだが、目の前で見ると、その大きさも設備も予想を超えるスケールで、すっかり圧倒されてしまった。また機会があれば、ぜひもう一度じっくり眺めてみたいと思っている。

豪壮な元茅葺の家

旧郵便局のレトロな建物

千本格子が数多く残る比良松の町並み

200年以上の歴史を持つ篠崎酒造

「田んぼのSL」の愛称で親しまれている三連水車。日本最古の実働水車だ

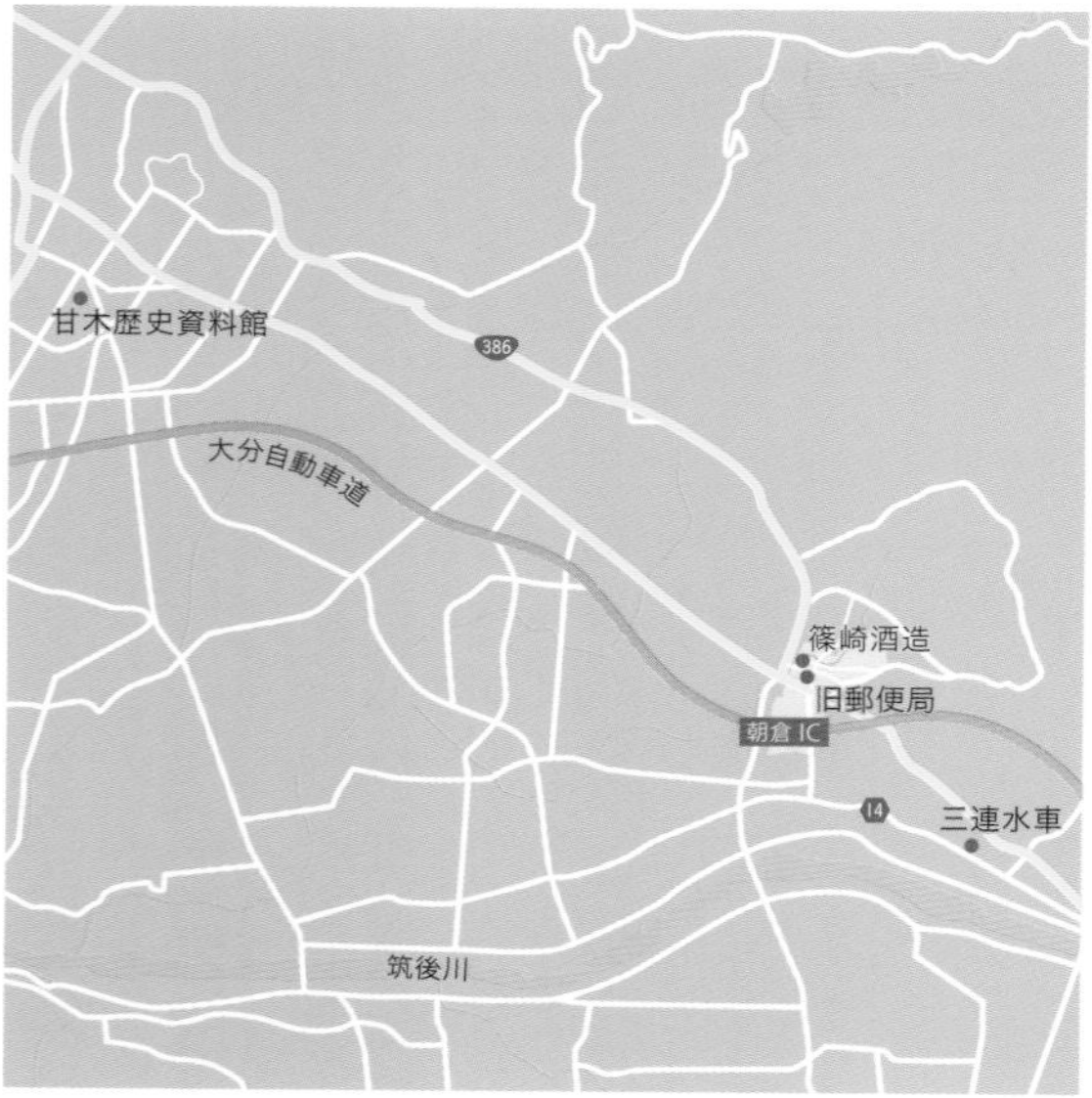

★比良松への行き方
大分自動車道朝倉ICより車で約3分

甘木歴史資料館
住所：朝倉市甘木216-2
電話：0946-22-7515
開館時間：9:30 〜 16:30（入館は16:00まで）
定休：月曜日（祝日の場合翌日）、12/28〜1/4、展示入替のための臨時休館あり
入館料：無料

泥打祭り（どろうちまつり）

朝倉市にある阿蘇神社に古くから伝わる泥打祭りは、そのユニークな内容から奇祭として知られている。おみくじで選ばれたその年の代宮司が白装束に身を包み神の座につくと、氏子の子どもたちが用意された泥を塗りつける。泥だらけになった代宮司が境内から約五百メートル離れた道祖神まで歩く途中も、氏子たちが泥を投げつける。代宮司の体に泥がたくさんつくほど、その年は豊作になるといわれている。福岡県の無形文化財に指定されている。

開催時期 毎年3月第4日曜日
開催場所 阿蘇神社（朝倉市杷木穂坂396）
写真提供：朝倉市商工観光課

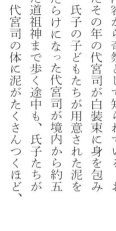

筑後草野《ちくごくさの》（久留米市草野町）

街道沿いの古い町並みと豪農の邸宅街、二つの顔を持つ町

筑後草野は久留米市街から東へ約十二キロ、耳納山《みのう》の北の麓にある小さな町である。中世の豪族草野氏の本拠地で、平安時代末期の長寛二（一一六四）年、草野永経《ながつね》が肥前高木から筑後に入国して以来、草野氏と共に歴史を歩んだ。

室町から戦国時代にかけて、豊後の大友、薩摩の島津、肥前の龍造寺らによる九州の覇権をめぐる争いに巻き込まれ、翻弄されつつ、一族の存亡をかけて戦ったが、天正十六（一五八八）年、秀吉による九州仕置の際、当主・草野家清が蜂須賀家政によって誘殺され、一族郎党全て自刃して果て、約四百二十五年の歴史を閉じた。

だが江戸期になって、有馬豊氏《ありまとようじ》が筑後久留米二十一万石の大名として入国した時、草野の町は再興され、久留米から日田に通じる日田街道の宿駅として新たな歴史を刻み始める。宿場町となった草野は、長さ五丁（約五四五メートル）の街道沿いに百四十軒あまりのさまざまな職業の民家が集まり、大変なにぎわいだったという。

今も街道沿いの草野・紅桃林《ことばやし》地区には宿場町ならではの枡形の道路が続き、江戸末期から明治にかけての町家が建ち並ぶ。だが、種々雑多な職種の家が集まっていたせいか、あまり共通の建築様式というものがなく、多様な様式の民家が並んでいる。そして、それが却って草野の町に自由で柔らかい、気楽な雰囲気をもたらしている。

さて、こんな街道沿いの道をしばらく歩くと、矢作という集落に向かう道にぶつかる。矢作は街道集落とはまた違う趣のある地域で、石垣に囲まれた立派な長屋門を備えた武家屋敷風の邸宅が並んでいる。ここは豪農の屋敷街で、明治から大正にかけて建てられた農家や蔵が、延々と連なる塀に守られた広大な敷地の中に鎮座している。がしかし、生垣や石垣があまりにも豪壮で高く、建物はあまりにも奥まった位置にあり、敷地の中の様子はほとんど見えない。矢作地区は、全盛期におけるこの地域の地主や豪農たちの並外れた豊かさを垣間見ることができる場所だ。

草野はまた、草野氏の援助により建立された数多くの寺社が残っていることも特徴の一つで、歴代の草野氏によって手厚く保護され、この地域に優れた宗教文化を芽生えさせた。

筑後草野は、街道沿いの家並みも古社も、また緑深い静かな農村集落も、どこか癒しを感じさせる優しい雰囲気に包まれていて、いつまでも散策していたくなる、心落ち着く町である。

草野で最も古い家、「鹿毛家住宅」

矢作地区には豪農の邸宅が並ぶ

旧病院の建物

草野歴史資料館
住所：久留米市草野町草野411-1
電話：0942-47-4410
開館時間：10：00～17：00（入館は16時30分まで）
定休：月曜日、祝日の翌日（土・日・祝日を除く）、年末年始
料金：無料

★筑後草野への行き方
JR筑後草野駅より徒歩で約10分
九州縦貫自動車道久留米ICより車で約8分

おすすめランチ

●小海老天ぷらと刺身の御膳

魚屋さんが経営する割烹だから、海から離れた草野でも新鮮な魚を堪能できる。ぷりぷりの食感がおいしい小海老の天ぷらと刺身がついた昼御膳は1000円とリーズナブル。常連さんからは海鮮丼が人気だそうだ。

「食事処なかの」
久留米市草野町草野360-3

わが町自慢の
市場食堂

牟《む》田《た》食堂（久留米市諏訪野町２６３１）

早朝から久留米市民の胃袋をみたす大衆食堂

久留米市のみならず、福岡の食卓を支える久留米中央卸売市場。多くのトラックが行き交う大型の市場は食のプロたちの戦場でもあるが、二階にある牟田食堂は一般客も利用できる憩いの場だ。門には関係者以外立ち入り禁止と書いてあるが、ちゃんと一般向けの駐車スペースもあり、警備員さんに聞くと教えてくれる。

開店は朝五時半。市場関係者、近所の住民、観光客でいつもにぎわっている。店内は飾り気がなく素朴な懐かしい食堂といった佇まいで、棚にはさまざまな種類の惣菜が盛られた小皿が並んでいる。好きな皿を取り、ご飯のサイズを注文して温かい味噌汁をそえれば、定食のできあがり。焼き魚、お刺身など新鮮な魚を使った料理が多いが、昔ながらの玉子焼きもおすすめだ。

営業時間
5時30分〜13時、
水曜・日曜祝日定休

著名人の生家を訪ねて

北原白秋生家

詩聖・北原白秋が生涯愛し続けた故郷柳川と生まれ育った家

北原白秋（本名・北原隆吉）は明治十八年、柳川市の旧家に生まれた。明治三十八年に早稲田大学に入学。学業の傍ら詩歌の創作に励み、大学時代すでに名実ともに詩壇の第一人者となる。その後も「赤い鳥」「雨ふり」「待ちぼうけ」「からたちの花」など、誰もが知っている有名な歌を次々と発表、今なお語り継がれる国民的詩人となった。

昭和十七年、糖尿病と腎臓病のため、五七歳で逝去した。

白秋の生家は代々、柳川藩御用達の海産物問屋だったが、父の代になって、柳川でも一、二位を争う酒造業を営むようになった。当時の北原家は広大な敷地を有する豪奢な邸宅だったが、昭和三十四年の沖端大火災で大半を焼失。

しかし昭和四十四年には元通りに復元された。白秋の故郷への思いは強く、晩年に発表した写真集『水の構図』で「水郷柳河こそは我詩歌の母体である」と述べている。

現在、広大な敷地内に白秋記念館が建てられ、生家も公開されて、白秋の著書や遺品などが展示されている。

住所　柳川市大字沖端町55－1
入館料　大人600円、学生450円、小人250円
開館時間　9：00～17：00
休日　年末年始

重要伝統的建造物群保存地区

八女市黒木《くろぎ》（在郷町）

平成21年6月30日選定

お茶の栽培で有名な八女市の山間部にある黒木。中世にあった猫尾城の城下町が起源と伝わる。猫尾城廃城後、江戸時代初期に久留米藩の在郷町となり、発展していった。

今も近世後期以降の重厚な町家が多く残されており、矢部川を元にした水路が町中をめぐっている。水路にかかる橋や防火性の高い居蔵造の重厚な家並み、矢部川対岸の棚田などを含む一帯の景観が認められ、保存地区に指定された。旧松木家住宅を黒木まちなみ交流館にして催し物を開くなど、積極的に活性化が図られている。

重要伝統的建造物群保存地区

八女《やめ》市八女福島《ふくしま》（商家町）

平成14年5月23日選定

八女市の中心部、福島町は福島城の城下町として整備されたが、一国一城令による廃城後は商家町として歩みはじめた。以後、江戸時代は交通の要衝となり、物資の集散地として発展していく。

城下町として造られたことがよくわかる地割りが残っているほか、江戸末期から明治の土蔵造りの町家が軒を連ねていて、石積みの堀割や社寺とともに歴史的景観を伝えている。明治、昭和に道路拡張が行われたが、その際の軒切りによって町家の意匠が大きく変化していることもこの町の特徴だ。

重要伝統的建造物群保存地区

うきは市筑後吉井《ちくごよしい》（在郷町）

平成8年12月10日選定

うきは市の中心に位置する筑後吉井地区は、江戸時代に城下町久留米と天領である日田を結ぶ豊後街道の宿駅として町が形成された。江戸時代中期からは作物の加工や集散、また「吉井銀」と呼ばれた商人の金融業務によりいっそう繁栄した。

明治二年の大火を契機に瓦葺が普及し、経済的な最盛期である大正時代には、町屋や土蔵が連続する現在と同じ家並みが作られたという。指定地区内では、約二百五十件の伝統的建造物の保存処置がとられている。そのおかげで、歴史的な建物と緑に囲まれた社寺が作り出す独特の景観が今も保たれている。

重要伝統的建造物群保存地区

うきは市新《にい》川《かわ》田《た》篭《ごもり》（山村集落）

平成24年7月9日選定

福岡県の南東部、うきは市の山間部にある新川・田篭地区は、どちらも隈上川沿いに棚田と茅葺民家が連続する集落。棚田、河川、民家が一体となって貴重で美しい景観を形成している。

　江戸時代から昭和初期頃までに建てられた多くの茅葺民家が今も残るが、なかでも平川家住宅はくど造りと呼ばれるこの地方特有の建築様式をもち、国指定重要文化財として一般公開されている。また、井出という石垣を使った堰を利用して稲作を営んでいるのも特徴で、地区内にあるつづら棚田は棚田百選にも選ばれている。

朝倉市秋月《あきづき》（城下町）

平成10年4月17日選定

朝倉市秋月は、福岡黒田藩の支藩、秋月五万石の城下町として栄えた。福岡県のほぼ中央に位置し、盆地を流れる野鳥川の両岸に町並みが広がっている。

明治時代には人口の減少がはじまり衰退してしまうが、それが功を奏して過度な開発が抑制され、当時の区画がほぼそのまま残った。商家や武家屋敷、水路網、城跡の石垣や大手門など城下町の景観の多くが今に伝えられている。かつての城下町のエリアがほぼ丸ごと保存地区に指定された珍しい例でもある。

佐賀

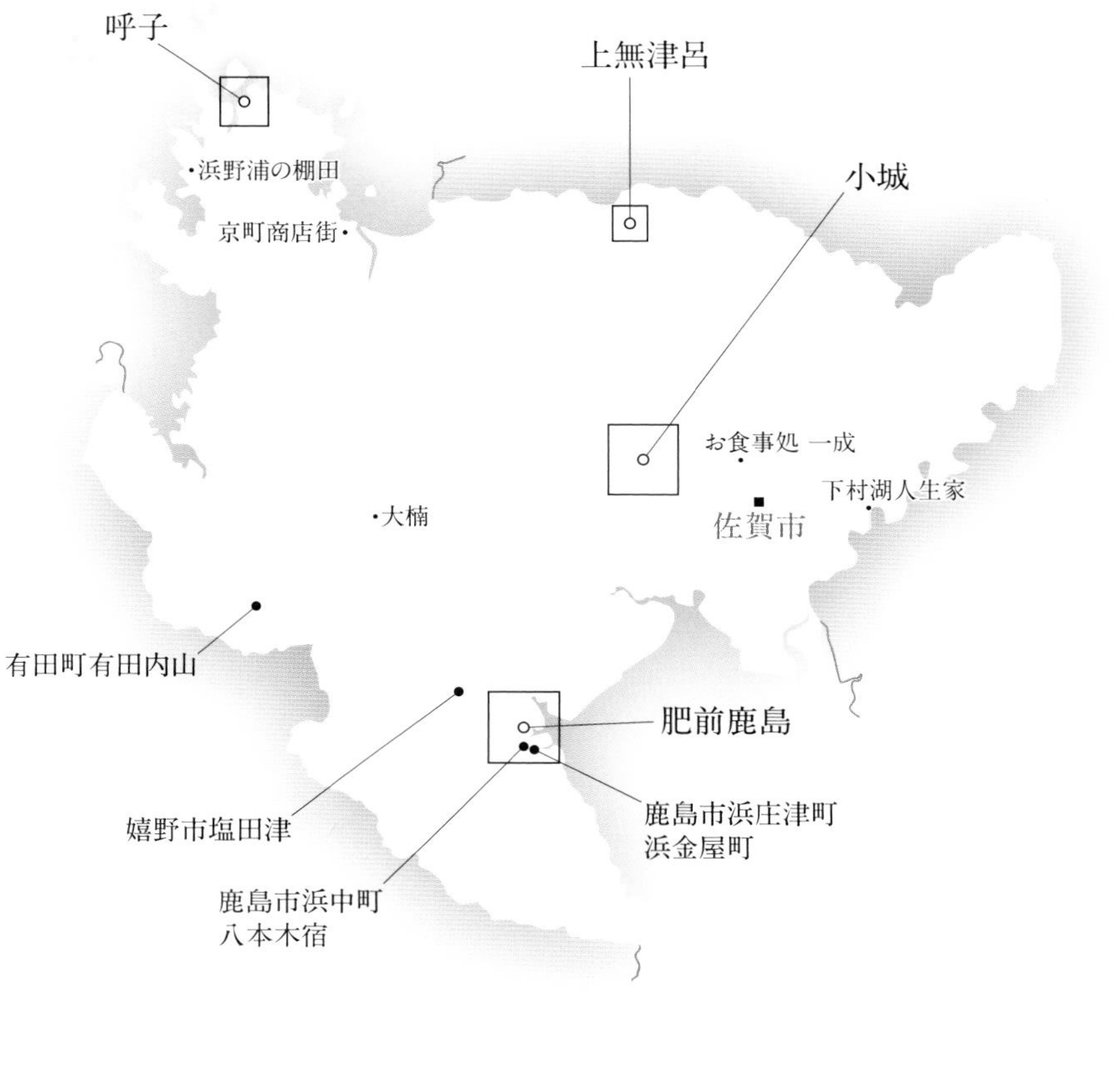

呼子
上無津呂
浜野浦の棚田
京町商店街
小城
お食事処 一成
下村湖人生家
大楠
佐賀市
有田町有田内山
肥前鹿島
嬉野市塩田津
鹿島市浜庄津町
浜金屋町
鹿島市浜中町
八本木宿

呼子《よぶこ》（唐津市呼子町）

イカと朝市でにぎわう風情ある漁師町

佐賀県北部、玄界灘に突き出した東松浦半島のほぼ突端にあるのが呼子町である。深い入江にある呼子港を抱えており、町はこの港とともに歴史を重ねてきた。

呼子港は、半島の北側に横たわる加部島《かべしま》が玄界灘の荒波を防ぐため、古くから天然の良港として知られてきた。江戸時代中頃には、捕鯨の基地としても栄え、鯨で財をなした商家の建物が今も残っている。捕鯨の他にも、アワビ、サザエなどの近海ものもよく獲れ、江戸時代後期には、干しナマコ、アワビ、フカヒレなど唐津藩の特産物の集荷港として大いににぎわった。

さかのぼって中世には、平家方水軍の主力となった松浦党の根拠地となり、近世には西海航路の寄港地としての役割を果たすなど、呼子は日本の歴史にしっかりとその名を刻んできたのである。

今では呼子といえばイカだろう。名物料理の「イカの活き造り」を目当てに全国から年間約九十万人以上の人がやってくるという。このイカの活き造り、古くからの呼子の名物かと思っていたが、そうでもないらしい。一説によれば今から五十年ほど前、呼子の店を訪れた客の、イカの活き造りを食べてみたいという一言がきっかけになったそうで、その要望に応えて出したのが始まりだといわれている。それまでの呼子の名物料理は「タイの活き造り」で、イカを生きたまま出すという発想はなかったらしい。

呼子の活き造りの特徴は、その新鮮さ。透き通るような見た目はもちろんのこと、口に入れればコリコリとした食感でほんのりとした甘さが広がる。見てもよし食してもよし。リピーターが多いのもうなずける。

このイカ以外にも呼子の名物として知られているのが朝市である。毎日朝七時半から昼まで、朝市通りと呼ばれる通りに、五十店ほどの露店が並ぶ。とれたての海の幸、山の幸がずらりと並べられ、通りをそぞろ歩きながら、見て、食べて楽しむことができる。威勢のいい売り子の女性の声に引き込まれるように、売っていたサザエを買ってみた。歩きながら食べるサザエの味は、この上なく美味しく、少し離れた店でもまたサザエを買ってしまった。

朝市を存分に楽しんだら、少し呼子の町を歩いてみるのもいいかもしれない。中世の町割がそのまま残り、江戸時代、呼子が隆盛を極めた時代の建物もほぼそのままに残っている。一歩路地へ入れば、漁師町特有の板張りの家が軒をつらねる。朝市の喧騒はどんどん遠くなり、かわりに路地を吹き抜ける潮風の音が、かすかに聞こえてくる。

YAMAHA

木屋蒲鉾店
木屋

COOLKING

呼子朝市通り
YOBUKO MORNING MARKET STREET
お食事処
かもめ亭
いか活き通り

ヤリイカ
800円

御神燈

170年間にわたって鯨組主として巨万の富を築いた中尾家屋敷

★呼子への行き方

JR西唐津駅よりバスで約30分呼子下車
西九州自動車道二丈鹿家ICより車で約40分

呼子観光案内所

住所：唐津市呼子町呼子4185-15
電話：0955-82-3426
営業時間：8:30〜17:30
定休：12/31〜1/2

おすすめランチ

●いか活き造り膳

呼子といえばイカ、なかでも活き造りが有名だ。透明な刺身は新鮮さの証拠。季節により剣先イカ、あおりいか、甲いかなど旬のイカが楽しめる。人気店は行列も珍しくないが、せっかく呼子を訪れたら一度は味わいたい。

「お魚処　玄海」
呼子町殿ノ浦508-3

「石垣」がつなぐ名護屋城と浜野浦《はまのうら》の棚田

呼子の町から車で西へ約十分ほど走ると、名護屋城跡がある。豊臣秀吉が朝鮮出兵に際して出兵拠点として築城させた城で、秀吉の死まで約七年間、大陸侵攻の拠点となった。城の周囲には、百三十以上に上る諸大名の陣屋が造られ、全国から二十万人以上の人が参集したというからその規模は相当だったらしい。現在は、この城跡と二十三箇所の陣跡が、国の史跡に指定されている。

名護屋城の特徴の一つは、総石垣で築かれた城という点だ。当時の最高の石工技術が集結され、鏡積み、算木積み、縦石積みなど、さまざまな技法が用いられている。城跡にはこれらの石垣が数多く残っており、名護屋城の歴史を今に伝えている。

この名護屋城跡からさらに車で十分ほど南下すると、浜野浦の棚田を見ることができる。その棚田は、玄海町の北西部、小さな入江に面した浜野浦地区にある。海岸に流れ込む浜野浦川によって侵食された谷にあり、海岸から駆け上がる階段のように、斜面に田んぼが幾重にも重なっている。毎年四月中旬ごろに水が張られ、五月上旬には田植えが終了。水平線に沈む夕日が海面と水田をオレンジ色に染める。季節はもとより、時間や天候によって千変万化する風景に多くの人が魅了される。

　棚田の畦畔《けいはん》は石積みになっており、卓越した石工技術があったことがわかる。この浜野浦の棚田が作られ始めたのは戦国の頃らしいが、名護屋城の石垣に使われた石工技術がここにも使われたのかもしれない。そんなことを考えると、また一段と旅が楽しくなる。

名護屋城跡に残る城の石垣

浜野浦棚田

祭

呼子大綱引（よぶこおおつなひき）

呼子の町が熱狂に包まれる大綱引のお祭りは、そもそも豊臣秀吉が朝鮮出兵のために名護屋城に陣を構えていた頃、兵の士気をあげるため加藤清正と福島正則の陣営を東西に分け、軍船の綱を引かせたことに由来するという。現代では町民を岡組と浜組に分け、直径十五センチ、長さ二百メートルの綱を引きあって豊作や大漁を祈願している。二日間のうち一日目はこども綱、二日目は大人綱が行われ、大人綱には観光客も参加できる。国の重要無形民俗文化財に指定されている。

開催時期　毎年6月の第1土日

開催場所　呼子三神社（唐津市呼子町呼子）

写真提供：佐賀県観光連盟

ノスタルジック商店街

京町商店街（唐津市）

新しい商業施設で復活をねらう

　ＪＲ唐津駅から北方向に歩いてすぐのところにあるのが京町商店街である。市内で最も古いアーケード商店街で、刀町、中町、呉服町の商店街とともに唐津中央商店街とも総称されている。

　唐津の歴史とともに歩んできた商店街だけあって、老朽化も進み、お世辞にもきれいとはいえない。さらにシャッター商店街化も進みつつあり、休日でも人影がまばらだった。そこで、京町商店街では令和元年に「ＫＡＲＡＥ」という複合施設をオープン。映画館や宿泊施設をはじめ、地元食材を使ったレストランなどを開業し、商店街復活の起爆剤にしようとしている。実際、この施設ができてから、休日には以前よりも多くの人でにぎわうようになった。

　毎年十一月に行われる唐津くんちのときには、地元の方のみならず、他県からの観光客でにぎわう京町商店街。古き良さを残しながら次の時代に生き残るための挑戦を続けている。

上無津呂《かみむつろ》（佐賀市富士町上無津呂）

山村の素朴な暮らしと静かな時間

佐賀市富士町の上無津呂という山村に、県内最古の民家があるというので行ってみた。「吉村家住宅」というのがその民家である。一見して、その豪壮な佇まいに経てきた年月の重みを感じた。かつてこの家を増改築しようとした際、天明九（一七八九）年建立という墨書が発見され、県内最古という称号を授かることになったという。

実際に中に入ってみた。木造平屋建て、茅葺の寄棟造り、かまどや囲炉裏がある。棟が一直線になった直家《すぐや》形式が珍しく、東側に土間、西側に五室ある。家の規模から察するに、かなり力のある農家だったのかもしれない。

そんなことをぼんやりと思いながら、上無津呂の集落を歩いてみた。この集落は、佐賀県の北部、もうほとんど福岡との県境に近いところにある。山に囲まれているために田畑は少なく、林業が主要な産業になっているらしい。集落の中を神水川《しおいがわ》という細い川が流れ、その川に沿うように道があり、ぽつりぽつりと家が点在している。

細い一本道を歩いてゆくと小さな神社があった。淀姫神社である。室町時代の末期から江戸時代初期にかけて多く造られた肥前鳥居という佐賀独特の形の鳥居が目をひく。境内には、推定樹齢二五〇年以上の大きなクスノキが枝を広げていた。

境内をよく見るとナマズの石像が置かれていた。聞くところによると、ナマズは淀姫様の使者であるという言い伝えがあり、周辺の村人たちにとってナマズは神聖な存在となっているらしい。

神水川のゆるい流れを見ながら集落の道をさらに歩く。人影がまったくない。そして、音がほとんどしない。自らの足音と川のせせらぎが小さく聞こえるだけだ。

冬への備えだろうか。屋外に薪をたくさん積んでいる家が目立つ。一方で、朽ち果てて誰も住んでいない家もいくつかある。この集落もいずれは人がいなくなってしまうのだろうか。誰も知る由はなし。ただ確かなことは、明日もまた朝の陽光がこの村を照らし、変わらずに川は流れ、鳥のさえずりが響き渡るということだけだ。

築230年以上の「吉村家住宅」

吉村家住宅

神水川のほとりにある淀姫神社

★上無津呂への行き方
長崎自動車道佐賀大和ICより車で約50分

小《お》城《ぎ》（小城市小城町）

砂糖の道、長崎街道沿いの羊羹《ようかん》の町

江戸時代、長崎の出島と北九州の小倉を結んでいた長崎街道。鎖国下にあって、出島は海外との唯一の窓口であり、さまざまな舶来品が出島に荷揚げされた。それらのひとつに砂糖がある。砂糖は、長崎街道を通って京都や大阪、江戸など全国に広がり、それにともなって砂糖を使った菓子づくりの技術も各地に広まっていった。特に長崎街道沿いの町では、その風土にあったお菓子が数多く生まれた。

例えば、長崎市のカステラ、嬉野市の金華糖、佐賀市の丸ぼうろ、北九州市の金平糖など。その中で、今なお佐賀を代表する菓子であり、全国的知名度を誇るのが小城の羊羹だ。糖化によって外側が白くコーティングされ、シャリっとした歯触りが特徴の羊羹で、全国にも数多くのファンがいる。

そもそも小城町は江戸時代、小京都ともいわれた城下町で、禅や茶道の文化が発達していたため、羊羹を受け入れる下地があった。また、名水百選に選ばれた清水川や祇園川があるので羊羹づくりに必要な水は存分にあり、羊羹の原料となる小豆やいんげん豆も近郊で大量に作られていた。

さらに、羊羹は賞味期間が長いため、軍隊の携帯食や保存食として重宝された。小城の近くには軍関連施設のあった佐世保や久留米があり、そうしたところからも小城羊羹は全国的に知られるようになっていった。現在、小城市内には二十数軒もの羊羹屋があり、佐賀県の羊羹の購入量は全国平均の二・五倍にもなっている。

JR小城駅を降り、北へまっすぐ伸びる大通りをゆく。さっそく左側にいくつかの羊羹店が現れた。歩を進めると、下町交差点あたりからまた羊羹店の看板がいくつも見えてくる。このあたりは「羊羹ストリート」と呼ばれているようで、たしかに羊羹店だらけである。そして、さらに先に進んでいくと、小城の中でも老舗羊羹店である村岡総本舗の煉瓦造りの建物が見えてくる。昭和十六年に建てられた煉瓦造りの洋館は、現在は羊羹資料館となっており、建物は国の有形文化財に登録されている。

さて、少し歩き疲れたら最寄りの羊羹店ののれんをくぐってみよう。いくつかの店は、店内で羊羹を食べられるようになっている。商品ケースに並ぶ羊羹の中から気に入ったものを選んで買って、一口大に切り、ゆっくりと口に入れる。砂糖の薄衣をまとった小城羊羹のほんのりとした甘さが、旅の疲れを癒してくれるはずだ。

山田老舗

ご購入ありがとうございました。ぜひご意見をお聞かせください。

■ お買い上げいただいた本のタイトル

ご購入日：　　　　年　　月　　日　　書店名：

■ 本書をどうやってお知りになりましたか？

□ 書店で実物を見て
□ 新聞・雑誌・ウェブサイト（媒体名　　　　　　　　　　　　　　　　）
□ テレビ・ラジオ（番組名　　　　　　　　　　　　　　　　）
□ その他（　　　　　　　　　　　　　　　　）

■ お買い求めの動機を教えてください（複数回答可）

□ タイトル　□ 著者　□ 帯　□ 装丁　□ テーマ　□ 内容　□ 広告・書評
□ その他（　　　　　　　　　　　　　　　　）

■ 本書へのご意見・ご感想をお聞かせください

■ よくご覧になる新聞、雑誌、ウェブサイト、テレビ、
よくお聞きになるラジオなどを教えてください

■ ご興味をお持ちのテーマや人物などを教えてください

ご記入ありがとうございました。

POST CARD

料金受取人払郵便

小石川局承認

9994

差出有効期間
2023 年
10 月 31 日まで
(切手不要)

1 1 2 - 8 7 9 0
127

東京都文京区千石 4-39-17

株式会社　産業編集センター
出版部　行

★この度はご購読をありがとうございました。
お預かりした個人情報は、今後の本作りの参考にさせていただきます。
お客様の個人情報は法律で定められている場合を除き、ご本人の同意を得ず第三者に提供することはありません。また、個人情報管理の業務委託はいたしません。詳細につきましては、「個人情報問合せ窓口」(TEL：03-5395-5311〈平日 10:00 ～ 17:00〉)にお問い合わせいただくか「個人情報の取り扱いについて」(http://www.shc.co.jp/company/privacy/)をご確認ください。

※上記ご確認いただき、ご承諾いただける方は下記にご記入の上、ご送付ください。

株式会社 産業編集センター　個人情報保護管理者

氏名《ふりがな》

(男・女／　　　歳)

ご住所　〒

TEL：

E-mail：

新刊情報を DM・メールなどでご案内してもよろしいですか？	□可　□不可
ご感想を広告などに使用してもよろしいですか？	□実名で可　□匿名で可　□不可

天山

羊羹

羊羹

小城羊羹
特製切り羊羹

老舗羊羹店の村岡総本舗本店。レンガ造りの建物は現在羊羹資料館に

村岡総本舗本店の前にある須賀神社

増田羊羹本舗。店内で羊羹を食べることもできる

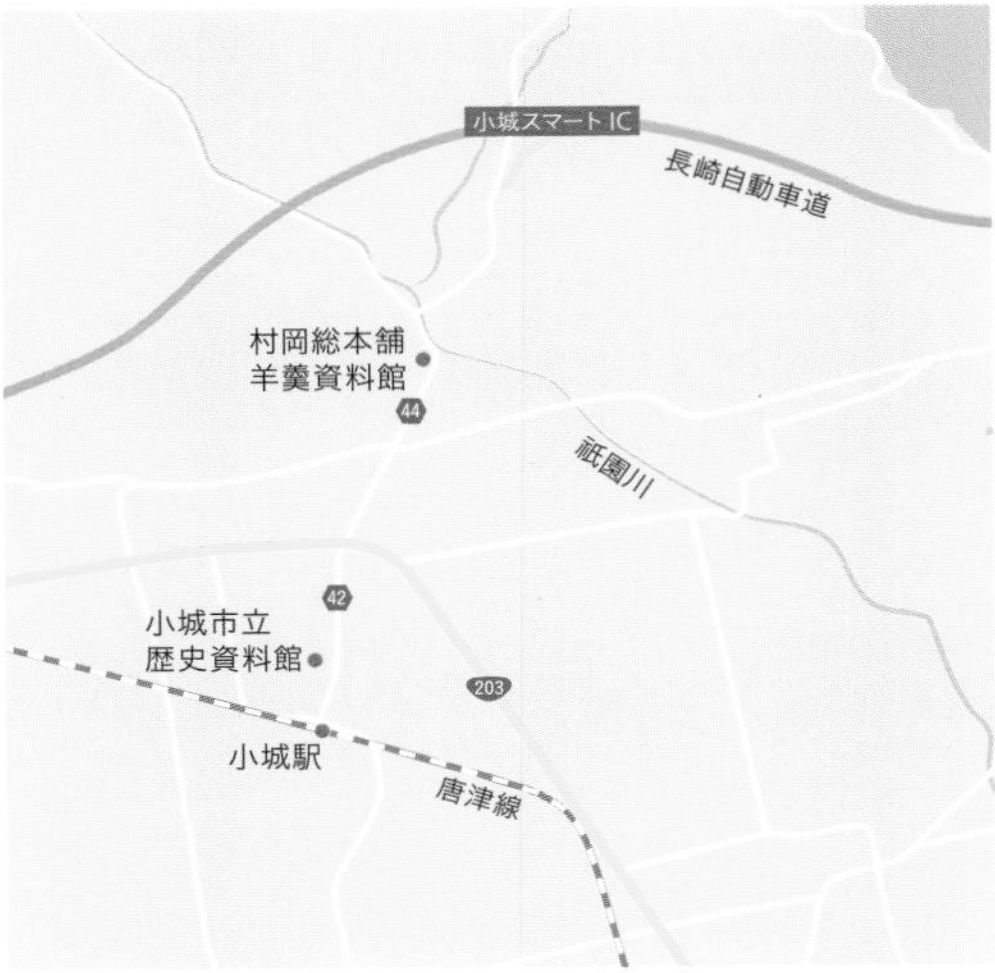

★小城への行き方
JR小城駅より徒歩で約25分
長崎自動車道小城スマートICより車で約5分

小城市立歴史資料館
住所：小城市小城町158番地4
電話：0952-71-1132
開館時間：9:00～17:00
定休：月曜日、12/29～1/4、こどもの日、文化の日を除く祝日
料金：無料

わが町自慢の
市場食堂

お食事処一成《いっせい》（佐賀市高木瀬西6-7-20）
青果市場の中にある穴場的な食堂

昭和二十五年の創立以来、佐賀の食卓に安心と彩りを届けてきた佐賀青果市場。今も選りすぐりの品揃えと佐賀ブランドの食材の発信を続けている。ここで働く人たちの胃袋を支えているのが、食事処一成。飾らない、昔ながらの食堂だ。定食、うどん、丼もの、カレーライスと、力仕事のお昼ご飯にふさわしいメニューが並ぶ。仕入れた食材によるのか、「本日の定食」がホワイトボードに九種類も書かれていた。

車で正門から入った場合はすぐ右手にお店が見えるが、一方通行のため、左側からぐるっと一周、市場の雰囲気を味わいながらまわってくるとようやくお店の前にたどり着ける。遠回りだが、大人の社会科見学のようでこれも楽しい。

営業時間
平日6時30分～15時、日曜・祝日休

著名人の生家を訪ねて

下村湖人生家《しもむらこじん》

苦難に満ちた幼少期をすごした家

教育家であり、名作『次郎物語』の著者である下村湖人は明治十七年、佐賀県神埼市の千代田《ちよだ》町で生まれた。しかし、すぐに里子に出されて戻ってきたのは四年後。さらに十歳の時には母親を亡くし、苦しい少年時代をすごした。東大を出て一時は新進詩人として注目されたが家の事情等により教育界に進み長く教職に就く。昭和十一年、雑誌「青年」に連載をはじめた半自伝的小説『次郎物語』が評判を呼び、今もなお名作として読み継がれている。

生家には『次郎物語』の原稿をはじめ、著作、写真、書簡など湖人ゆかりの品々が展示されている。また、屋敷自体も見どころの一つで、建築年代は明治初期。瓦には藩の銘が刻まれている。生家の裏には、湖人が愛用した言葉「白鳥入蘆花」の石碑が建っている。

住所 神埼市千代田町嵪村895番地1
見学時間 10:00～17:00
休館日 月曜日・年末年始

肥《ひ》前《ぜん》鹿《か》島《しま》（鹿島市高津原／常広）

今も残る武家町の面影と雄大な干潟風景

佐賀県南部にある鹿島市。東に有明海を臨むこの地は、佐賀鍋島家の支藩のひとつである鹿島藩の城下町として栄えた歴史をもつ。城下町といっても、鹿島藩は二万石だったので実際には城ではなく陣屋が置かれた。残念ながら、この陣屋は明治七年の佐賀の乱で焼失。跡地は鹿島高校や旭ケ岡公園となり、かろうじて大手門、赤門などが遺構として残っている。周辺には武家屋敷が建ち並び、長屋門や石垣塀などが設えられ、町中とは思えない静寂が広がっている。たしかに、ここがかつて武家町であったことをうかがわせる。

この武家屋敷通りからは少し遠いが、町の東側には、干拓によって造られた広大な耕地が広がっている。肥前鹿島三代目である鍋島直朝《なおとも》が築造したといわれ、この地を重《じゅう》ノ《の》木《き》籠《こもり》と名付け、明暦二（一六五六）年に人々を入植させた。現在は、重ノ木地区と呼ばれ、重要な農産地となっている。

この重ノ木地区を抜けてさらに東に進むと有明海に出る。有明海の干潟を展望できる場所があり、タイミングよく干潮時であれば、鉛色に広がる干潟を見ることができる。ちなみにこのあたりの干潟は「肥前鹿島干潟」と呼ばれている。

有明海には特有の生き物が生息しており、なかでもムツゴロウは有名で、泥の穴から出てきて、泥の上をピタピタと這う姿は、見ているだけで愛らしい。

また、秋から春にはシギやチドリ類が渡来し、渡り鳥の重要な中継地にもなっている。二〇一五年には、ラムサール条約の湿地として登録され、未来に残すべき自然環境であることが定められた。

それにしても、有明海から吹く風は気持ちが良かった。豊かな滋養ある海からの風は、人の気持ちも豊かにしてくれるのかもしれない。

ところで、最後にお断りしておくが、「肥前鹿島」という地名は存在しない。JR長崎本線にこの名の駅がある。

旅の途中で偶然みつけた武家屋敷群と立ち寄った有明海の干潟、この二つの場所へ行くには肥前鹿島の駅からが一番近いことから、あえて肥前鹿島という駅名を使わせていただいた。

武家屋敷通り

豊かな農産地が広がる重ノ木地区

ムツゴロウなどが生息する肥前鹿島干潟

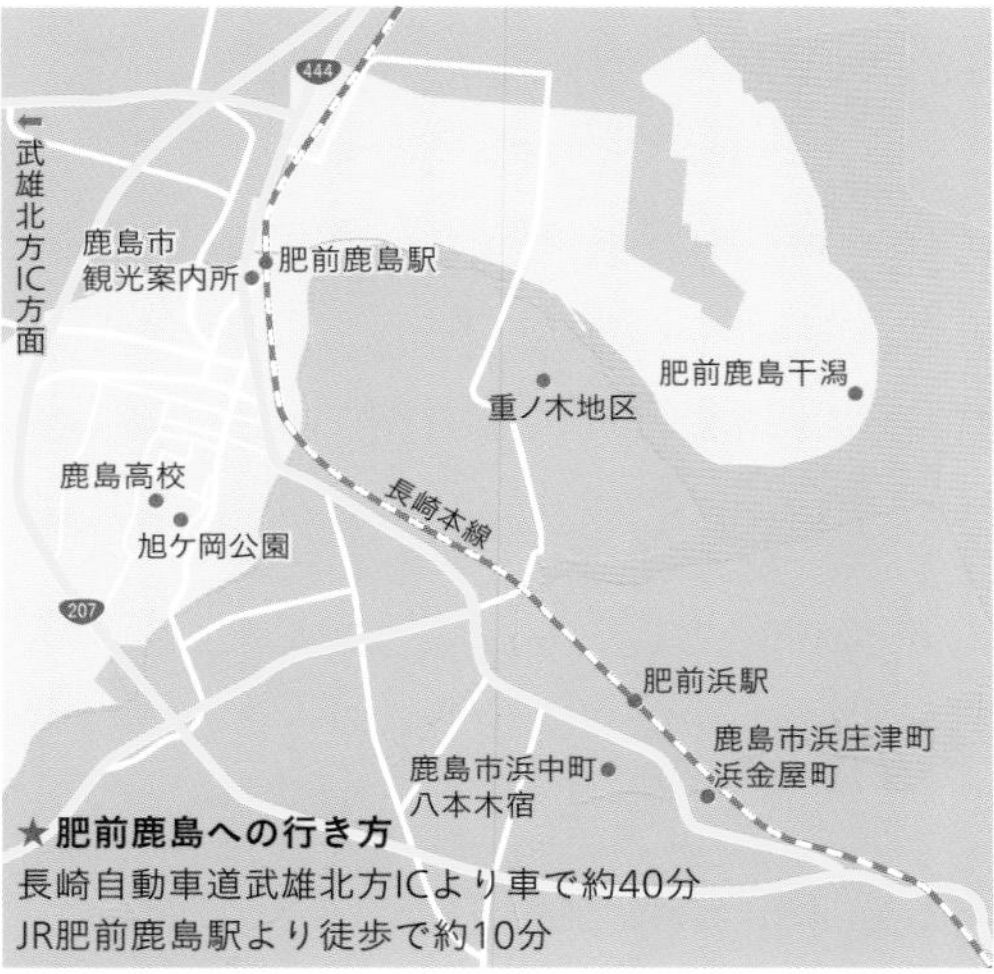

★**肥前鹿島への行き方**
長崎自動車道武雄北方ICより車で約40分
JR肥前鹿島駅より徒歩で約10分

鹿島市観光案内所
住所：鹿島市大字高津原4078-1
電話：0954-62-3942
営業時間：9:00～17:00
定休：1/1～1/3

おすすめランチ

●おろしとんかつ定食

肥前鹿島駅から車で5～6分の場所にあるとんかつ専門店。こちらは普通のとんかつソースではなく、お店オリジナルの甘めのソースが決め手。かいわれ大根と大根おろしが大量にかかった、おろしとんかつ定食もおすすめだ。

「茂かつ」
鹿島市井手319-1

名画名作の舞台を訪ねて

『佐賀のがばいばあちゃん』（武雄市）

小説 島田洋七著・一九八七年
（テレビドラマ二〇〇七・二〇一〇年／映画二〇〇六年）

超貧乏暮らしの家を再現し
武雄の美しい風景をふんだんに盛り込む

漫才ブームで一世を風靡した「B&B」。このコンビの一人である島田洋七が、自らの体験をもとに描いた作品。一九八七年に初版が出版され、二〇〇七年までに四〇〇万部を売り上げ大ヒットした。その勢いを受けて何度か映像化され、二〇〇六年には映画化、二〇〇七年と二〇一〇年にはフジテレビでドラマ化。興行成績および視聴率も高い数字を残した。

戦後の混乱期、広島に母親と住んでいた少年が、家の事情から佐賀に住む祖母の家に送られる。そこでの暮らしは想像を絶する超貧乏。だが、そんな境遇に負けずに明るくたくましく生きる「ばあちゃん」を見習うかのように、少年もまた明るくたくましく成長していく。そんな「がばいばあちゃん」（佐賀弁で〝すごいばあちゃん〟を意味する）と過ごした八年間の物語を描いた作品。

泉ピン子がばあちゃんを演じたテレビドラマ版は、佐賀県武雄市でロケが行われ、ばあちゃんと少年の住む家は、武雄市朝日町にある淀姫神社脇の高橋川沿いにつくられた。随所に武雄の美しい自然をロケ地として取り上げ、佐賀の魅力を多くの人に知らしめた作品となった。

上／朝日町の淀姫神社脇を流れる高橋川。この川沿いに家のセットがつくられた。下／主人公が広島から佐賀に来たときに降り立った駅。ドラマの中では佐賀駅だが実際に使われたのは「上有田駅」。

重要伝統的建造物群保存地区

嬉野市塩田津《しおたつ》（商家町）

平成17年12月27日選定

有明海に注ぐ塩田川沿いにある塩田津は、潮の干満を利用した水運で栄えた川港として、また長崎街道の宿場町としてにぎわった。水運、陸運の要所であった江戸時代には、街道沿いに大小の商家が軒を連ねていた。

江戸後期になると、風水害や火災に強い「居蔵家」と呼ばれる町家が多く建てられた。これは、外壁を漆喰で塗り固めたもので、重厚で独特な町並みの景観を形成する大きな要素となっている。現在、一部の家は観光客に公開されているほか、江戸末期の建物を利用したカフェが営まれていたりと、散策を楽しめる町づくりが行われている。

重要伝統的建造物群保存地区

鹿島市浜《はま》庄《しょう》津《づ》町《まち》浜《はま》金《かな》屋《や》町《まち》（港町・在郷町）

平成18年7月5日選定

浜庄津町浜金屋町は、川港から発展した在郷町であるとともに、有明海の漁業で栄えた漁村集落としての顔も持つ。陸運、水運の要衝でもあったことから職人も多く居住し、長崎街道の一つである多良街道沿いには茅葺民家と桟瓦葺き町家が混在した独特の景観が残されている。

現在はすぐ近くにある重伝建の「八本木宿」とあわせて「肥前浜宿」として町づくりをおこなっており、異なる町並みを一度に楽しめる珍しいスポットとして注目を集めている。

重要伝統的建造物群保存地区

鹿島市浜《はま》中《なか》町《まち》八《はち》本《ほん》木《ぎ》宿《しゅく》（醸造町）

平成18年7月5日選定

浜中町八本木宿は江戸時代に整備された長崎街道の一つ、多良街道の宿として栄えた肥前浜宿の一部であり、近くにある浜庄津町浜金屋町と同じ背景をもつ。江戸中期からは酒造業が発展し、最盛期には十数軒の酒屋があったという。現在も三つの酒蔵が製造を続けており、通りは通称「酒蔵通り」とも呼ばれている。

水路を含む地割りがよく残されていて、江戸末期から昭和にいたるまでの様々な年代の建物が固有の景観を作り出している。

重要伝統的建造物群保存地区

有田町有《あり》田《た》内《うち》山《やま》（製磁町）

平成3年4月30日選定

有田内山は江戸時代からはじまった磁器生産の中心地で、当時は内山と呼ばれていた。日本の磁器発祥の地と考えられている。有田の焼物は江戸時代を通じて国内外に広く交易され、佐賀藩の大きな収入源だった。江戸末期に大火に見舞われるが、明治には復興し、その技術は今に伝えられている。

江戸時代から昭和初期まで、和風洋風の建物が混在した独特の景観が特長。裏通りには、登り窯を作るために用いた耐火煉瓦（トンバイ）の廃材を使ったトンバイ塀が連なるなど、やきものの町の風情を存分に醸し出している。

明治維新の英雄会合の地

旧永山邸は現在「カフェ明石屋」として営業している

2階には当時使われていた着物や道具などが展示されている

明石屋の窓から四軒屋の方角を眺める

平戸市観光案内所
住所：平戸市崎方町776-6
電話：0950-22-2015
営業時間：8:00〜16：30
定休：12/31、1/1

★田助への行き方
西九州自動車道南波多谷口ICより車で約70分

おすすめおやつ

●手作りチーズケーキ

元廻船問屋明石屋で、明治期に再建した永山邸で営むカフェ明石屋。2階まで吹き抜けになった土間で手作りパンやケーキをいただくことができる。ケーキは日替わりで、どんな味に出会えるか、行ってみないとわからない。

「カフェ明石屋」
平戸市田助町98-1

宮《みや》ノ《の》浦《うら》（平戸市野子町宮ノ浦）

港の中に神聖な島が浮かぶ
「橋で結ばれた日本最西端の港町」

宮ノ浦集落は平戸島の最奥部にある漁師町である。平戸大橋から四十キロ、車で約一時間ほどの所にある。キャッチフレーズは「橋で結ばれた日本最西端の港町」。ちなみに、橋で結ばれていない日本本土の最西端は、佐世保市小佐々《こさざ》町の神崎鼻《こうざきばな》という岬である。

宮ノ浦は、その名のとおり湾内に島（沖ノ島）と神社（志々伎《しじき》神社）のある土地で、古くから十城別王《とおきわけのみこ》を祀る沖の宮、地の宮という二つの社があった。十城別王とはあまり聞かない名前だが、あのヤマトタケルの息子だそうである。伊予国の和気郡（現在の松山市内）に住んでいたが、神功《じんぐう》皇后の要請を受け、三韓征伐に軍の大将として従軍した。この戦いは新羅軍が謝罪して終結したので殆ど実戦はなかったようだが、十城別王は帰還後も外敵防御のため平戸の地に留まり、ここでその生涯を終えた。沖ノ島の志々伎神社はこの王を祭神として創建されたが、この島自体が王の陵所だと伝えられている。

沖ノ島は港から百メートルほど沖にあったのでこの名がついたようだが、現在は港から防波堤で繋がっていて、港の中に浮かぶ小島、という感じ。海沿いの道の中央に志々伎神社沖の宮の白い鳥居が鎮座し、その奥に小さな社殿がある。島の自然は、平戸南部の低地の自然林の原型がよく保存されていて、長崎県内の唯一の残存林として、地の宮と共に県の天然記念物に指定されている。

宮ノ浦はこのように歴史的に由緒ある土地柄だが、それだけでなく、昔から海路の要所としても重要な拠点だったらしい。また、昔も今も釣りのメッカとして人気がある。平戸市は日本一の漁港数を持つことで有名だが、その中でも宮ノ浦は豊富な漁獲量を誇り、全国でも有数の天然ヒラメの産地として知られる好漁場だ。

さらに調べていると、もう一つ明るい情報が入ってきた。近年、日本中どこの漁村も漁師の高齢化が進み、後継者不足の問題が深刻化している中、宮ノ浦の最大の強みは、漁業に従事する若者が多いことだというのである。そのことを港で談笑していたベテランの漁師さんたちに尋ねたところ、「うーん、確かに他所に比べると若いモンは多いのかもしれんが…やっぱり、だんだん平均年齢が上がってくるのは止められんなぁ」という返事。とはいえ、漁師さんたちの様子にさほど深刻さはなく、日焼けした明るい笑顔が、「宮ノ浦の未来はまあまあ何とかなりそうだよ」と言っているように見えた。

NS3-504165
最大搭載人員 6 人
YAMAHA

NS3-507768
長崎
第二啓兆丸

沖ノ島にある志々伎神社の沖の宮

釣り人の宿
まるぎん

コンテナのようなユニークな物置や駐車場。港の至る所にあって、まるでコンテナ集落だ

中庭でウニを取り出す作業をする漁師さんたち

★宮ノ浦への行き方
西九州自動車道佐々ICより車で約140分

三川内皿山《みかわちさらやま》（佐世保市三川内町）

庶民には手の届かなかった高級品、今は誰にも広く愛される器に

三川内焼の代表的絵柄「唐子絵」

十六世紀末、豊臣秀吉が朝鮮に出兵した「文禄・慶長の役」は、日本、朝鮮、明の三つ巴の戦いとなったが、決着がつかぬまま秀吉の死によって終息。この戦争は侵略した側もされた側も甚大な被害を被ったのみで、何の成果ももたらさなかった。だが、戦いに加わった大名、特に九州の大名たちは、朝鮮の進んだ文化技術を取り入れようと、半島から多くの陶工たちを連れ帰った。そして九州各地にはさまざまな窯場が誕生した。

平戸藩では、領主の松浦鎮信《まつらしげのぶ》が巨関《こせき》ら約百名の陶工を連れ帰った。彼らが中野（現・平戸市）に窯を開いたのが三川内焼の始まりだといわれている。当初は主に陶器が作られていたが、寛永十七（一六四〇）年頃、巨関の子・今村三之丞が佐世保で白磁鉱を発見、山水の美しい地・三川内を窯場に選び、白磁器の生産を始めた。慶安三（一六五〇）年、平戸藩が御用窯の制度を確立、中野の陶工たちは皆、三川内に移り、朝廷や幕府、

藩主や諸大名への献上品、贈答品といった高級な器を採算度外視で作ることができるようになった。こうして技術の粋を集めて作られた器は、その質の高さと精巧さを海外でも認められ、十七世紀後半からは中国やヨーロッパにも輸出されるほどになる。――と、この頃までの三川内焼は、まるで庶民の生活とはかけ離れた高級品だったのだが、明治以降は徐々に庶民にも行き渡るようになる。繊細で優美な芸術品のような仕上がりは今も変わらないが、今では我々にも十分購入できる商品が増えている。

三川内焼は呉須《ごす》という顔料を使った白磁への青い染付けが特徴的で、シンプルだがパッと目につく鮮やかな青が魅力である。代表的な絵柄は唐子《からこ》絵といわれるもので、男児を描いていることから、繁栄や幸福を意味する縁起物として喜ばれた。柔らかく丸みを帯びた筆さばきが、何とも言えない温かみを感じさせる。この唐子絵も、明治以降は伝統的な絵だけでなく、個性的な絵柄のものもよく描かれるようになったという。また、「透かし彫り」や「手捻り」といった技法を用いた繊細で躍動感のある器も人気だ。これらは今も、ひとつひとつ手作業で丁寧に細工が施されている。

三川内の中心である皿山地区は、小さなエリアにぎっしりと窯元や見どころが集まっている楽しい場所だ。小さな谷あいの集落には、多くの窯元と、昔の旅館を再生した古民家などもあり、懐かしい風景が広がっている。ここは一子相伝の技を貫く窯元が多く、他では絶対に見られない独自の作品が見られるのも嬉しい。少々無理しても、どうしても手に入れたくなる器に必ずや出会えると思う。

「トンバイ塀」。登り窯に使われていた耐火レンガ、通称「トンバイ」の廃材や窯道具を赤土で塗り固めて作った塀

三川内皿山には、小さなエリアに窯元がぎっしりと建ち並び、あちこちに赤い煙突が見える

400年の歴史を持つ三川内焼。白磁への青い染付けが特徴

陶祖神社。巨関の孫・二代目今村弥次兵衛が祀られている

「透かし彫り」も三川内焼の特徴的な技法だ

★三川内皿山への行き方
JR三河内駅より車で約5分
西九州自動車道佐世保三川内ICより車で約10分

三川内伝統産業会館
住所：佐世保市三川内本町343
電話：0956-30-8080
開館時間：9:00〜17:00
定休：12／29〜1／3
料金：無料

おすすめランチ

●レモンステーキ
昭和30年代、佐世保で生まれたという日本人向けのステーキが、佐世保名物レモンステーキ。香ばしい和風ソースと食べやすい厚さの肉、さっぱりとしたレモンの風味が食欲をそそる。鉄板に残ったソースをご飯にからめるのが通なのだとか。

「時代屋」
佐世保市吉福町172-1

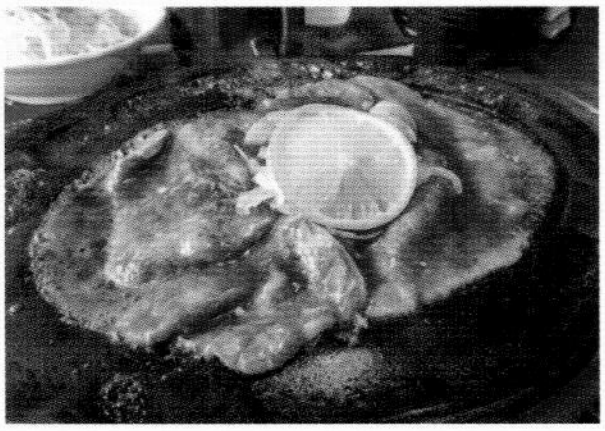

とんねる横丁（佐世保市戸尾町）

高さ八メートルの防空壕をそのまま使った、珍しい商店街

JR佐世保駅近くの戸尾市場街は、大正時代から佐世保の台所として市民の暮らしを支えてきた。「市場街」と呼ばれるのは、「中央戸尾市場」「西海市場」「三角市場」「戸尾市場」「とんねる横丁」という五つの市場でできているから。このうち「戸尾市場」は既に消滅し、四つの市場は昔のままの場所で営業している。

ご紹介するのは、この市場街の一つ「とんねる横丁」。なぜ〝とんねる〟かというと、何と太平洋戦争の時に掘られた防空壕の跡をそのまま使っているからなんだそうな。道理で未だに「〇〇商店防空壕店」なんて看板を架けている店もある。

高さ八メートルの防空壕が市場として使用されたそうで、確かに店舗の後ろは高い壁になっている。佐世保は終戦間近の六月二十八日に大規模な空襲を受け、市街地は焼け野原になった。この時焼け出された人たちが、この防空壕を住居や店舗として使い始め、それが市場街に発展したという。少し離れてみると、ここが岩山を掘った防空壕であることがわかる。岩山の上は、今はグラウンドとして使われているようだ。

全国でも珍しいこの防空壕商店街、いろんな店が並んでいるが、今も大正・昭和の香りを色濃く残していて、実に懐かしい気持ちになる。

著名人の旧宅を訪ねて

楠本《くすもと》端山《たんざん》旧宅

儒教を基とする尊王を説いた儒学者の暮らしぶりが見える邸宅

楠本端山は幕末から明治にかけての儒学者である。平戸藩の在郷藩士の長男として佐世保で生まれた。子供の頃から無類の学問好きで、十五歳で藩校維新館に入学し、五年間学んだあと、江戸で佐藤一斎に従学した。

嘉永五（一八五二）年に平戸に帰ってからは、学制の改革を行ったり、治政の緊要十事を進言するなど、藩政に大きく貢献した。のちに藩主の教授となって、藩論を儒教を基とする尊王へと導き、その教えは坂本龍馬、西郷隆盛、木戸孝允など、当時の多くの志士たちに感化を与えた。

明治十六年、中風により死去。享年五六歳だった。

端山の旧宅は、父の忠次右衛門が天保三（一八三二）年に建てたもので、門を入ると三か所に玄関があり、右から来客用、家族用、使用人用と分かれている。邸内には儒教の祠堂もあり、当時の儒家の暮らしぶりが偲ばれる貴重な邸宅である。

住所　佐世保市針尾中町1698-2
見学料　無料
見学時間　9:00～16:00
休館日　お盆、年末年始

大村玖島《おおむらくしま》（大村市玖島）

二万七千石の城下町は、藩主に翻弄され続けたキリシタンの町

大村は、日本初のキリシタン大名として知られる大村純忠の本拠地である。といっても元々大村氏はこの地の豪族ではない。先祖は十世紀の半ば、伊予国で瀬戸内の海賊を率いて「承平天慶の乱《しょうへいてんぎょうのらん》」を起こしたあの藤原純友の孫・藤原直澄だそうである。直澄が正暦五（九九四）年に伊予国から肥前国に移り住み、肥前大村を拠点として大村氏を名乗ったのが始まりだという。大村氏は、この頃から中世の戦国時代、江戸時代、幕末、明治維新まで絶えることなく大村地方を治め続けた、非常に希少な大名といえる。

さて、純忠の話に戻ろう。彼は大村家十八代の当主で、天正十（一五八二）年に大友宗麟や有馬晴信と共に天正遣欧使節団を派遣したり、長崎を開港して南蛮貿易を行うなど先見の明の持ち主だったが、一方でキリスト教を信じるあまり家臣や親族、領民の改宗を強引に推し進めたり、神社仏閣を徹底的に破壊するなど、異常ともいえる行為で住民を苦しめた一面を持つ大名でもあった。

純忠の死後、嫡男の大村喜前《よしあき》が後を継ぎ、慶長四（一五九九）年、玖島城を築く。城が築かれた時、その周辺に新たな町が形成され、藩主の側近らが移転してきて武家屋敷町ができた。屋敷町は城を中心に五つの通りが作られ、五小路と呼ばれた。「本小路」「上小路」「小姓小路」「草葉小路」「外浦《ほかうら》小路」である。これらは外浦小路以外は現在もほとんど残っていて、往時の城下町の風情を色濃く残している。

だが、キリシタンの町・大村の運命は、喜前の時代になって大きく変わって行く。彼は、当初はドン・サンチョという洗礼名を持つキリシタンだったが、純忠の死後わずか一ヵ月後に発令された秀吉による「伴天連《ばてれん》追放令」を受けて態度を一変させる。領内から宣教師を追放し、領内の教会を全て破壊し、自らは日蓮宗に改宗してキリシタンを厳しく弾圧した。元和《げんな》二（一六一六）年八月八日、四十八歳という若さで死んだが、迫害を恨んだキリスト教徒によって毒殺されたともいわれている。

大村の歴史を振り返ると、純忠の時代には領民のほとんどがキリスト教に改宗し、あるいは改宗させられ、キリシタン一色となっていた。それが喜前の時代になった途端、キリスト教が否定され、激しい迫害を受け始める。藩主の変心によって天地がひっくり返るほどの目にあった大村の人々は、どれほど戸惑ったことか、想像するにあまりある。

どんな時代にも、施政者と政治が如何に大切で、選択を誤れば如何に危険なものであるかを、大村の歴史は物語っているように思う。

上小路。家老屋敷などがあり、立派な石垣がよく残っている

草場小路の五色塀。大村独特の塀で、色とりどりの海石の石積みを漆喰で塗り固めている

加茂

小姓小路の古い屋敷。その名の通り、殿様の側仕えをしていた小姓らが住んでいた

石組みがユニークな塀

大村駅前観光案内所
住所：大村市東本町1番地1
電話：0957-54-1061
営業時間：9:00～18:00
定休：第3木曜日（9・3月を除く）、12/30～1/3

★大村玖島への行き方
JR大村駅より徒歩で約15分
長崎自動車道木場スマートICより車で約5分

茂《も》木《ぎ》（長崎市茂木町）

通称「長崎の奥座敷」、美味い魚と「びわ」が自慢ののどかな港町

「茂木」という地名は、古くは「裳着」と記されていた。その昔、神功皇后が三韓征伐の際、この浦に船を入れ、上陸して裳（衣の下袴）を着けたことから「裳着」になったと言い伝えられる。そんなことから地名が？と驚くが、昔の地名の名付け方は案外そんなものだったりする。この小さな浦に皇后が立ち寄って着替えをすることなど、そうそうあるものではない。その名前が今も町の象徴である「裳着神社」に残っている。

茂木は長崎市内にある、海と山に囲まれた小さな港町。車を利用すると、「ながさき出島道路（オランダ坂トンネル）」の開通により、長崎駅からわずか十五分で着く。昔から豊かな漁場を持つ漁業の盛んな町。漁港に近い通りは、古くから「長崎の奥座敷」ともいわれ、活魚料理の老舗料亭が建ち並ぶ。この辺りは古き良き時代の面影が偲ばれるノスタルジックな町並みだ。

長崎市で最も古い神社「裳着神社」

また、キリシタン大名・大村純忠によって長崎六町と共にイエズス会に寄進され、教会領となったことから、村の全ての住民がキリシタンだったという特異な一面も持つ。茂木の町は、海上交通の要所だった茂木港を中心に、南北に広がっている。前に天草の島々、左手に雲仙普賢岳を臨む町並みは、石蔵や重厚な鎧戸のある屋敷が今も残り、のどかでしっとりとした雰囲気がある。

そしてもう一つ、茂木といえば忘れてならないのが「びわ」である。茂木のことを知らない人でも「茂木のびわ」は知っているといわれるほど、茂木のびわは全国的に有名だ。日本におけるびわの歴史はけっこう古く、奈良時代にはすでに古文書に記載があり、室町時代には大阪、和歌山、千葉などで栽培されていたというが、茂木でびわ栽培が始まったのは江戸時代になってからである。

天保年間頃に出島の代官屋敷の下働きをしていた茂木村の三浦シヲという女性が、中国領事から長崎の代官に贈られたびわの種子をもらい受け、自宅の庭に撒いて育てたのが茂木びわの始まりだといわれている。シヲの育てたびわは実が大きく見栄えがし、味も良かったことから、茂木の農民たちの間でびわ栽培が積極的に行われるようになった。その後、びわ農家は長崎全体に広がり、長崎県は日本一のびわの産地となった。現在も全国の生産量の三十％以上を占めている。果実店やスーパーにびわが並び始めると、初夏の訪れを感じるとよくいわれるとおり、茂木びわの旬は五〜六月頃。大きくて肉厚、味の濃い美味しい茂木びわを、初夏にぜひご賞味あれ。

多くの船が係留される茂木漁港。
ハモ、キス、タコ、サバ、アジなど、一年中豊富な漁獲量を誇る

茂木を代表する老舗菓子店「茂木一〇香本家」。一口香と琵琶ゼリーが有名

おすすめランチ

●ふぐ三昧セット

ふぐの問屋が営むふぐ料理店が、もっと身近にふぐを味わってもらおうとリニューアル。看板メニューのふぐダシうどんは480円でふぐの旨味を楽しめる。うどんにふぐ唐揚げ、ふぐカツがついたセットもおすすめ。

「**漁師飯なかざき**」
長崎市茂木町2188-13

★茂木への行き方

長崎自動車道長崎ICより車で約10分
JR長崎駅よりバスで約25分茂木下車徒歩約10分

名画名作の舞台を訪ねて

『長崎ぶらぶら節』（長崎市）

小説　なかにし礼著（一九九九年）
映画　深町幸男監督（二〇〇〇年）

「長崎の古か歌ば探して歩かんね」——初老の学者と丸山芸者の旅が始まった

日本三代花街のひとつ、長崎・丸山を舞台に、無償の愛に生きた一芸者の人生を描いた、作詞家なかにし礼の小説『長崎ぶらぶら節』は、二〇〇〇年度の直木賞を受賞した。その物語を、深町幸男監督、吉永小百合主演で映画化した名作。

主人公は、明治時代の丸山花街に実在した芸者・愛《あげ》八《はち》。彼女は、長崎学の確立に心血を注ぐ研究者・古賀十二郎と知り合い、古賀と共に長崎の古い歌を求めて苦難の道を歩み始める。旅を続ける中で、愛八は次第に古賀に心惹かれるようになる。果たして愛八の思いは古賀に届くのか、そして忘れ去られた名曲『長崎ぶらぶら節』に二人は出会えるのだろうか——。

吉永小百合が、市井の学者に純粋な愛を捧げる、姉御肌で気風がよく、心根の優しい丸山芸者・愛八を哀切豊かに演じ、日本アカデミー賞最優秀主演女優賞やブルーリボン賞を受賞した。

映画はほとんど長崎で撮影され、長崎市内、特に丸山界隈や眼鏡橋、オランダ坂など、今も変わらない名所・観光地が数多く登場している。

上／史跡料亭「花月」。寛永19（1642）年に創立した遊女屋引田屋の庭園内に造られた茶屋で、映画の舞台として度々登場する。昭和35年に長崎県の史跡に指定された。現在も料亭として営業中
下／中島川に架かる眼鏡橋。映画では精霊流しのシーンに登場する

上／梅園身代り天満宮。映画では愛八がお雪の回復を願って裸足で御百度参りをした場所。昭和40年頃までは丸山芸者もよく参拝していたという
下／オランダ坂。愛八が人力車に乗って坂を通るシーンに使われている

わが町自慢の
市場食堂

長崎水産食堂（長崎市京泊3丁目3-1）

創業昭和二十二年、魚介が自慢のアットホームな食堂

歴史ある港町・長崎の魚市場に、戦後間もなく営業を開始した古い食堂がある。その名もずばり「長崎水産食堂」だ。昭和二十二年の創業以来、実に七十五年以上も地元に愛されてきた。

広い魚市場の敷地のうち、「第一駐車場」を目指すとわかりやすい。場内のお店でありながら、新鮮でコスパの高いお魚料理が食べられると評判で、市場関係者以外の来店も多い。看板にも大きく「観光客様大歓迎」と掲げてある。店内はカウンター、テーブル席、座敷席と十分な広さ。おすすめはやはり新鮮な魚介で、海鮮丼、刺身定食が人気だという。獲れる魚の種類が全国一位ともいわれる長崎の海の幸を存分に味わえる。

営業時間
平日6時～14時
日曜日・魚市場臨時休業日は定休

祭

畳破り（たたみやぶり）

　南北朝時代の武将、楠木正成を祀る楠公神社。ここに古くから伝わる畳破りは、名将・智将として知られる楠公ゆかりの「千早城の戦い」にちなんだ奇祭だ。
　幕府軍に扮した男たちが上半身裸にわらをかぶり、太鼓の合図とともに境内を駆けめぐる。それに対して、楠木軍に扮した男たちが畳を構えて迎え撃ち、攻防が繰り広げられる。激しくぶつかるうちに畳は破れ、出てきたわらで体をこすりあい、一年の無病息災を祈願する。

開催時期　毎年1月中旬
開催場所　楠公神社（諫早市白浜町369）
写真提供：諫早市

重要伝統的建造物群保存地区

長崎市東《ひがし》山《やま》手《て》（港町）

平成3年4月30日選定

東山手地区は、江戸時代に外国人向けに開かれた旧居留地のうち、大浦川右岸の丘陵に位置する。ポルトガルやアメリカなど各国の領事館があり当時は領事館の丘とも呼ばれたという。港町長崎のイメージを代表するような商館や海を見下ろす高台にあり、有数の観光スポットでもある。

保存地区内には国指定重要文化財の東山手十二番館、旧長崎英国領事館などがあるほか、桟瓦葺き、ベランダ付きの洋風建物群、オランダ坂の石畳と石垣など、見どころは多い。住民の手によるイベント「長崎居留地まつり」など、さまざまな企画が催されている。

重要伝統的建造物群保存地区

長崎市南《みなみ》山《やま》手《て》（港町）

平成3年4月30日選定

南山手地区は、東山手と同じく旧外国人居留地の一画で、主に住宅地として使われていた地域。海に近い高台にあり、長崎湾を見下ろす眺望の良さが特徴だ。保存地域は、南山手町のほか松が枝町、小曽根町の一部を含む。

地域を代表する建物としては大浦天主堂、旧羅典神学校、旧グラバー住宅、旧オルト住宅、旧リンガー住宅などが現存している。長崎のシンボル的存在であり、有数の観光地であるが、中心から南側は現在も静かな住宅地で、明治時代の洋風建築がよく残されている。

重要伝統的建造物群保存地区

雲仙市神代小路《こうじろくうじ》（武家町）

平成17年7月22日選定

雲仙市の北西端にある神代地区は、中世の頃には神代氏の支配下にあったと伝えられる。江戸初期に鍋島信房が鍋島藩の初代領主として当地を治めてから、佐賀藩神代領が成立した。その後、鍋島家第四代の鍋島嵩就が武家屋敷を整備し、現在の神代小路が作られた。城址の森と、堀の代わりとなる三方の川に囲まれた武家町の地割がそのまま残されている。重伝建に指定されたのちにも街の整備は続けられ、都市景観大賞の「美しいまちなみ大賞」を受賞している。

重要伝統的建造物群保存地区

平戸市大島《おおしま》村《むら》神浦《こうのうら》（港町）

平成20年6月9日選定

平戸の北にある的山大島は、かつては北松浦郡大島村で、通称は大島。古くから漁村、そして船の寄港地としてひらかれていたが、江戸時代に捕鯨の拠点として整備されてから大いに発展した。

神浦湾とそこから続く神浦の町並みは幸いにも大きな火災や災害を被ることがなかったため、江戸時代から続く港町の町割が現在までよく伝えられている。軒を連ねる町家では、庇を支える腕木に独特の意匠が凝らされていて、それを見ると建築年代がある程度判別できるという。ふるさと資料館には当時の捕鯨に使われていた道具や生活民具が展示されている。

写真提供：平戸市観光課

大分

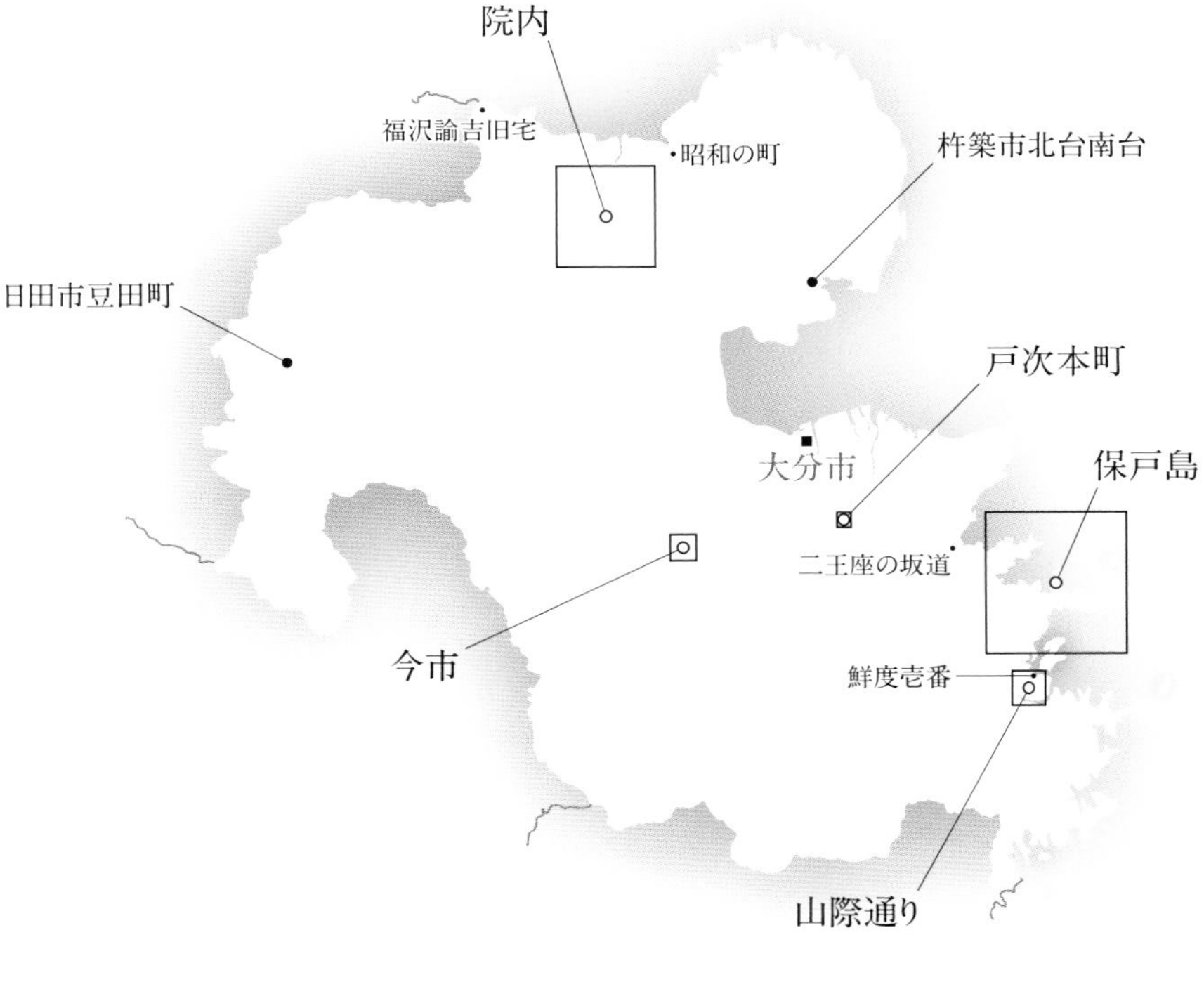
院内
福沢諭吉旧宅
昭和の町
杵築市北台南台
日田市豆田町
戸次本町
大分市
保戸島
二王座の坂道
今市
鮮度壱番
山際通り

院内《いんない》（宇佐市院内町）

深い渓谷に広がる日本一の石橋の郷

日本に現存する石橋の数は約二千基といわれている。その九割近くが九州に集中しており、大分県がもっとも多い。なかでも、七十五基の石橋が現存し、うちアーチ橋の数は六十四基と日本一を誇るのが、宇佐市院内町だ。

深い谷筋に集落が点在するこの地域では、川を渡るための橋は人々の暮らしにとって不可欠なものだった。しかし、川の流れが急で木製の橋だと度々流されてしまうため、木の橋の代わりに石橋が架けられるようになった。

石橋の材料となる石が豊富に採石できたこと、さらに棚田の石垣や水路造りを通して高い技術を身につけた石工が、この地域に多くいたことが幸いした。古いものでは江戸時代末期、新しいものでは昭和二十年代に造られたものがあり、新旧とりまぜた石橋が今もしっかりと院内の人々の暮らしを支えている。

院内にある石橋の中でもそのシンボル的な存在となっている「鳥居橋」を訪れてみる。天に伸びる橋脚は、空に飛び立つ鶴の優美さに似て、麗しい造形美を放っていた。聞けば「石橋の貴婦人」と呼ばれているそうで、たしかにそのとおりと合点がいった。

集落をつなぐ五連のアーチと相まって、圧倒的な力強さで見る者に迫ってくる。

この鳥居橋をはじめとして、院内の代表的な石橋を十数基手掛けたのが〝石橋王〟と呼ばれる石工の名棟梁・松田新之助である。若い頃に関西でアーチ橋設計の技術を学び、明治三十年頃に院内に帰郷した後、多くの石橋をつくった。大正十三年、架設中の富士見橋が崩落してしまった際には、私財を投げ打って再び架設、翌年に見事完成させたというエピソードも残っている。

鳥居橋を後にし、ほど近いところにあった「一の橋」に向かう。一瞬、どこにあるのかわからないほど小さい石橋で、まるで自然の造物のように周囲の風景に溶け込んでいる。人々はこの橋を渡って神社へ足を運ぶ。

院内には、このような大小さまざまな石橋が数多くある。恵良《えら》川に沿うように伸びる国道三八七号を走れば、石橋の場所を示す看板に多く出会うだろう。橋によっては駐車場があるので、ゆっくりと見ることができる。

そして、石橋を見るついでに、まわりに広がる田園や集落の風景にも目をやってほしい。日本一の石橋の郷・院内のもう一つの魅力、なつかしいふるさと風景がいたるところに残っていることに気づくのではないだろうか。

「石橋の貴婦人」と呼ばれる鳥居橋

一の橋

一の橋を渡ったところにある山神社

富士見橋

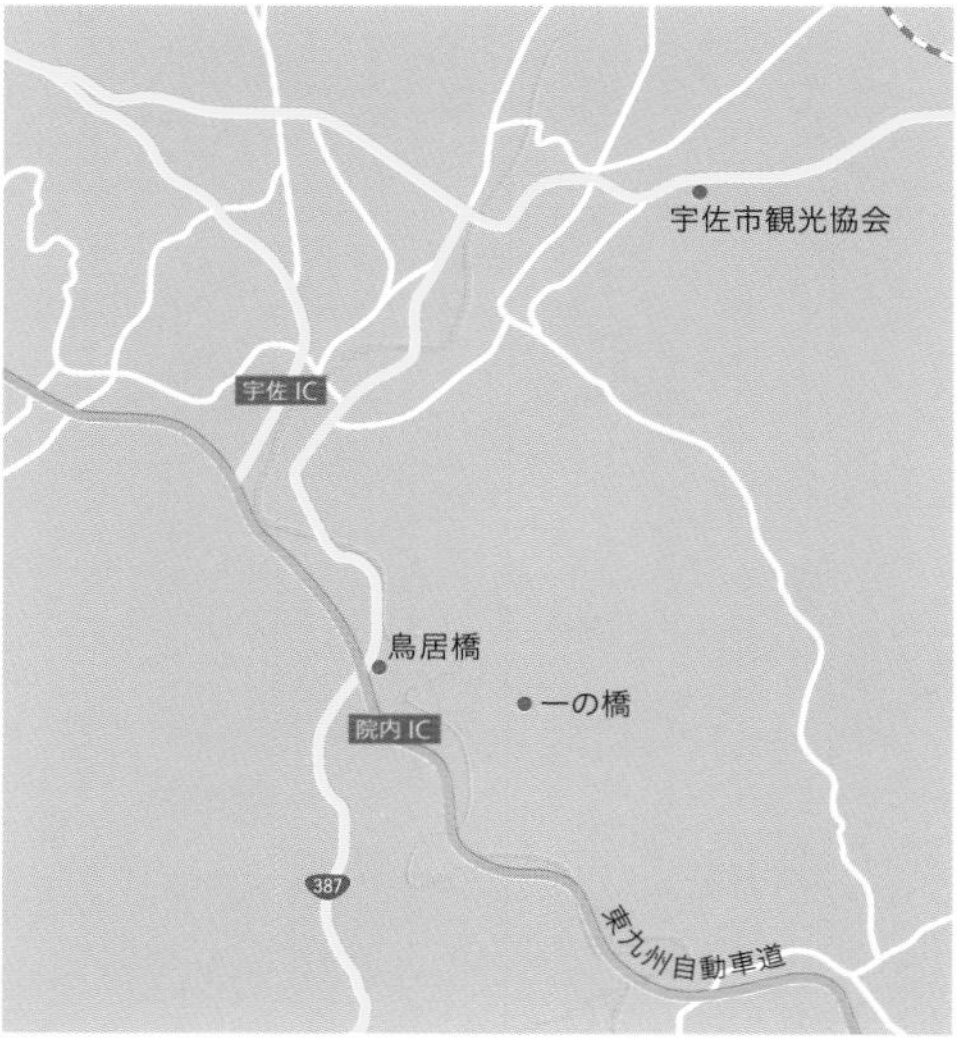

院内への行き方
東九州自動車道宇佐ICより車で約10分

★宇佐市観光協会
住所：宇佐市南宇佐2179-3
電話：0978-37-0202
営業時間：8:30〜17:00
定休：12/29〜1/3

米神山巨石祭
（こめかみやまきょせきさい）

宇佐市安心院《あじむ》町にある米神山は古くから神の宿る山といわれてきた。その麓に佐田京石と呼ばれるストーンサークルがある。高さ二メートルから三メートルもある巨石が環状に林立しているのだが、その由来も目的も未だ謎のままだ。この佐田京石を舞台に行われる米神山巨石祭は、山の神の鎮魂と巨石や美しい稜線に惹かれて霊山を訪れる登山者の無事を祈るもの。巨石群の前で神事が執り行われたあとは、巫女による舞、餅まきなどでにぎわう。

開催時期 毎年3月中旬
開催場所 宇佐市安心院町熊

写真提供：宇佐市安心院支所

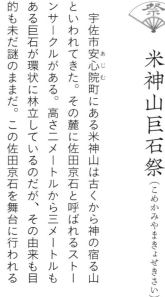

著名人の旧宅を訪ねて

福澤諭吉《ふくざわゆきち》旧宅
大阪から移り住んだ幼少の頃の家

明治時代を代表する思想家・教育者である福澤諭吉は、天保五（一八三五）年に中津藩の下級武士の次男として大阪で生まれた。十九歳のときに蘭学を学ぶために長崎に遊学、その後大阪の緒方洪庵の適塾で学ぶ。安政五（一八五八）年、藩命により江戸に蘭学塾を開校。これが現在の慶應義塾の始まりである。万延元年（一八六〇）には渡米し、その後ヨーロッパ諸国を歴訪し、『西洋事情』や『学問のすすめ』といった啓蒙書を次々と著し、明治の人々に西洋の新しい考え方などを広く知らしめた。

諭吉は一歳六ヵ月のときに父親が急死し、一家は大阪の中津藩蔵屋敷から大分の中津へと戻ってきた。最初に住んだ家は現存していないが、その後移り住んだ家がこの旧宅である。福澤諭吉記念館に隣接する茅葺の家は、きれいに整備され、中も自由に見学できるようになっている。

住所 中津市留守居町586
開館時間 9:00～17:00
休館日 12月31日

戸《へ》次《つぎ》本《ほん》町《まち》（大分市中戸次）

帆《ほ》足《あし》本家を中心に古い建造物が点在する

大分の市街地から国道一〇号を南下して、大野川にかかる白滝橋を渡ったあたりに広がるのが戸次地区である。大野川の水運や日向街道の交通の要衝として栄え、江戸時代に市場ができると商家の町としてさらににぎわった。

なかでも莫大な財を成してこの町に隆盛をもたらした商家が帆足家である。帆足家は、十二世紀のはじめに守護大友氏の家臣となり、江戸時代には臼杵藩治下の大庄屋として戸次の町を取り仕切った豪農である。その後、酒造業を手掛け、巨万の富を築くことになる。いわば戸次は帆足家の町といってもいいだろう。

その帆足家の本家と酒造蔵が、戸次の中心地に残っている。本家の建物は国の登録文化財に指定され、酒造蔵は昭和四十七年まで使われていたが、廃業後、大分市に寄贈された。現在は保存修理工事が施され、井戸、釜場、仕込蔵、貯酒蔵など、ほぼ明治時代のころの姿に復元されている。

この帆足本家酒造蔵を中心に、戸次本町には昔の商家町の雰囲気を今に伝える建物が、随所に残っている。例えば、安政三（一八五六）年の旧料亭富士見楼、明治二年の旧呉服屋塩屋、明治十八年の旧呉服店万太、明治三十二年の二十三銀行出張所……など。

その中の一つ「松石不老館《しょうせきふろうかん》」は明治三十九年に再建された帆足家の分家で、そこを度々訪れていた帆足杏雨《きょうう》が、庭の松と石の配置が素晴らしいと命名した家だ。杏雨は帆足家の四男で、帆足家と親交のあった文人画の大家・田能村竹田《たのむらちくでん》の弟子になり、自らも南画家として活躍。明治六年のウィーン万博に作品が出展されるほどだった。帆足家はまた、頼山陽《らいさんよう》とも親交があり、経済だけではなく文化面でも戸次を支えていた。

こうした歴史の物語が数多くある戸次だが、実はごぼうの産地としても知られている。この町に富をもたらした大野川は同時に大きな苦難ももたらした。何度となく氾濫し、そのたびに多くの家屋が流され、町は甚大な被害を受けた。しかし、その氾濫によって大野川流域には石が少ない肥沃な土が運ばれた。その土壌を利用して作られたごぼうは、やわらかく風味がよく、「白肌ごぼう」と呼ばれて戸次の名産品となった。今では、戸次の町のあちこちで、ごぼうかりんとう、ごぼううどん、ごぼうキャラメルなど、戸次ごぼうを利用した商品を見つけることができる。ほんのりした甘さが特長のごぼうかりんとうでもつまみながら、戸次本町あたりを散策してみてはいかがだろう。

戸次本町の町並み

藤川金物店
入口

帆足本家の酒造蔵

帆足本家
LIFE & DELI
LIFE&DELI
富春館
ごほうとデリカデッセン
営業してます

帆足杏雨が命名した「松石不老館」（帆足家分家）

昭和7年に建てられた郵便局。現在は「大南まちづくりセンター」として活用されている

「信玄曲がり」と呼ばれる鉤の手に曲がった道

加藤清正が創建したと伝わる「丸山神社」

宿内にある浄土真宗の寺・安楽寺

おすすめランチ

●だんご汁とジャンボいなり

大分はじめ、九州北部の郷土料理であるだんご汁。この店では地元の“若妻”たちが作る家庭の味が楽しめる。だんご汁のお供にはこの店定番のジャンボいなりが人気だ。

「若妻の店」
大分市今市2654-2

要所にある立札。各藩使者の宿泊所として利用していた「御客屋」があったところ

★今市への行き方
東九州自動車道大分光吉ICより車で約30分

ノスタルジック商店街

昭和の町（豊後高田市の複合商店街）

昭和三十年代のままの姿が残るレトロ商店街

昭和レトロを色濃く残す商店街として、全国的にも知られるようになった豊後高田市の「昭和の町」。昭和三十年代の商店や町屋などが並び、ひとたび足を踏み入れれば、そこには懐かしい昭和の商店街の風景が広がる。

　豊後高田は、かつては城下町として発展。明治時代に入ると商店街ができ、昭和三十年ごろまでは国東半島一の繁華街としてにぎわいをみせた。だが、高度経済成長期を境に商店街は徐々に衰退。この危機的な状況を乗り越えるために、商店主や商工会議所などが協力して取り組んだのが、昭和三十年代のレトロな商店街として活性化させる町づくりである。平成十三年に始まったその取り組みは見事に成功し、全国でもめずらしい観光商店街として往時に負けないほどの盛況ぶりをみせている。

　商店街は総延長五五〇メートルほど。駅前通り、新町、中央通り、宮町通りなどのいくつかの通りに分かれ、駄菓子屋や食堂や雑貨店など、なつかしい昭和の店に出会うことができる。

『なごり雪』（臼杵市）

映画 大林宣彦監督・二〇〇二年

一九七〇年代の名曲をモチーフに叙情あふれる物語を映像化

一世を風靡したフォークグループ「かぐや姫」。そのメンバーである伊勢正三が作詞作曲した「なごり雪」（一九七四年発表）をモチーフとし、大林宣彦監督がメガホンを握った作品。

妻に逃げられ孤独に暮らす梶村祐作（三浦友和）は、旧友・水田健一郎（ベンガル）からの電話で二十八年ぶりに故郷の臼杵に帰郷。そこで祐作は、交通事故で危篤状態にある水田の妻・雪子の姿を目にする。梶村の脳裏には、かつて雪子や水田と過ごした淡い青春の日々が蘇ってくる。自分を愛していた雪子とそれに気づいていながら故郷を捨てて東京へ出て行った梶村、そして故郷に残り雪子を守り続けた水田。青春の悔恨と惜別を叙情的な映像で紡いだ佳作。

ロケ地はほぼ臼杵市内で、古い町並みが残る二王座や臼杵磨崖仏での石仏火祭りなど、市内各地で撮影が行われている。ちなみにこの作品は、大林宣彦監督の大分三部作の第一作と位置付けられている（第二作として「二十二歳の別れ」が製作されたが、第三作はつくられなかった）。

学生時代の主人公と雪子がよく歩いた二王座の坂道。

上／JR日豊本線「上臼杵駅」。映画の中では「臼杵駅」という設定
中／主人公の親友・水田建一郎の店、水田酒造として使われた小手川酒造。
下／臼杵の町並み

保戸島《ほとじま》（津久見市保戸島）

ゆっくりと流れる島時間を楽しむ

大分県と四国の愛媛県に挟まれた豊後水道《ぶんごすいどう》。太平洋からの黒潮の暖流と瀬戸内海の寒流とがぶつかりあうこの水域は、全国屈指の好漁場《こうぎょじょう》として知られている。その利を生かして古くから漁業の島として栄えてきたのが保戸島である。

その昔、この地が「海部《あまべ》郡穂門《ほと》郷」と呼ばれており、この「穂門《ほと》」が「保戸」に変わったものといわれている。

江戸時代には佐伯藩の勘場《かんば》や遠見番所《とおみばんどころ》が置かれ、近隣の海で鯵やイカを中心に漁が行われていた。明治時代の半ばごろからはマグロ漁が始まり、その後、遠洋マグロ漁で大いに栄え、一大マグロ基地になった。最盛期の昭和五十五年頃には延縄《はえなわ》漁船の数は二百隻近くまで増えたが、その後、漁の低迷に人口減少なども加わり、現在は往時ほどのにぎわいは見られなくなってしまった。

しかし、今も残る多層建築の家屋の数が、マグロ漁で潤った島の歴史を物語っている。海岸から迫り上がる急斜面に、三階建の鉄筋コンクリートの家々がびっしりと軒を連ねる。およそ一般的な漁村の風景とは異なる独自の景観。夕暮れになると、夕日がこれらの家屋を鮮やかに照らし出し、得難い絶景を見せてくれる。

建ち並ぶ家の間には、細い路地が伸びている。人がやっとすれ違えるほどの幅で、ゆるい上りになっている。その路地の奥には急な階段があり、予想以上の急勾配に、来訪者の多くは驚くに違いない。

意を決して階段を上る。まるで山登りをしているかのようだ。しばらくすると、海《かい》徳寺《とくじ》という寺があった。斜面につくられたわずかな境内にたたずみ、ふりかえってみると、眼下に保戸島の港が見え、その先には豊後水道が広がっていた。まわりを見渡せば、山の斜面に密集して張り付いているコンクリート造りの家々が圧倒的な迫力でせまってくる。

夏、島にある加茂神社（京都上賀茂神社の分霊を祀っている）では夏季大祭である「保戸島夏祭り」が開催され、島外からたくさんの観光客が訪れる。この時だけ、保戸島はかつての島のにぎわいを取り戻すが、祭りが終われば、また静かな時間が流れる。

夏もよし、それ以外の季節もよし。ＪＲ津久見駅から徒歩五分、津久見港から高速船に二十五分ほど乗れば、ゆっくりと流れる島時間に身を委ねることができる。

貯金は漁協へ

保戸島漁村センター

猫の島ともいわれる保戸島。島のいたるところに猫が歩いている

櫓門

汲心亭の庭

三義井のひとつ「安井《あんせい》」

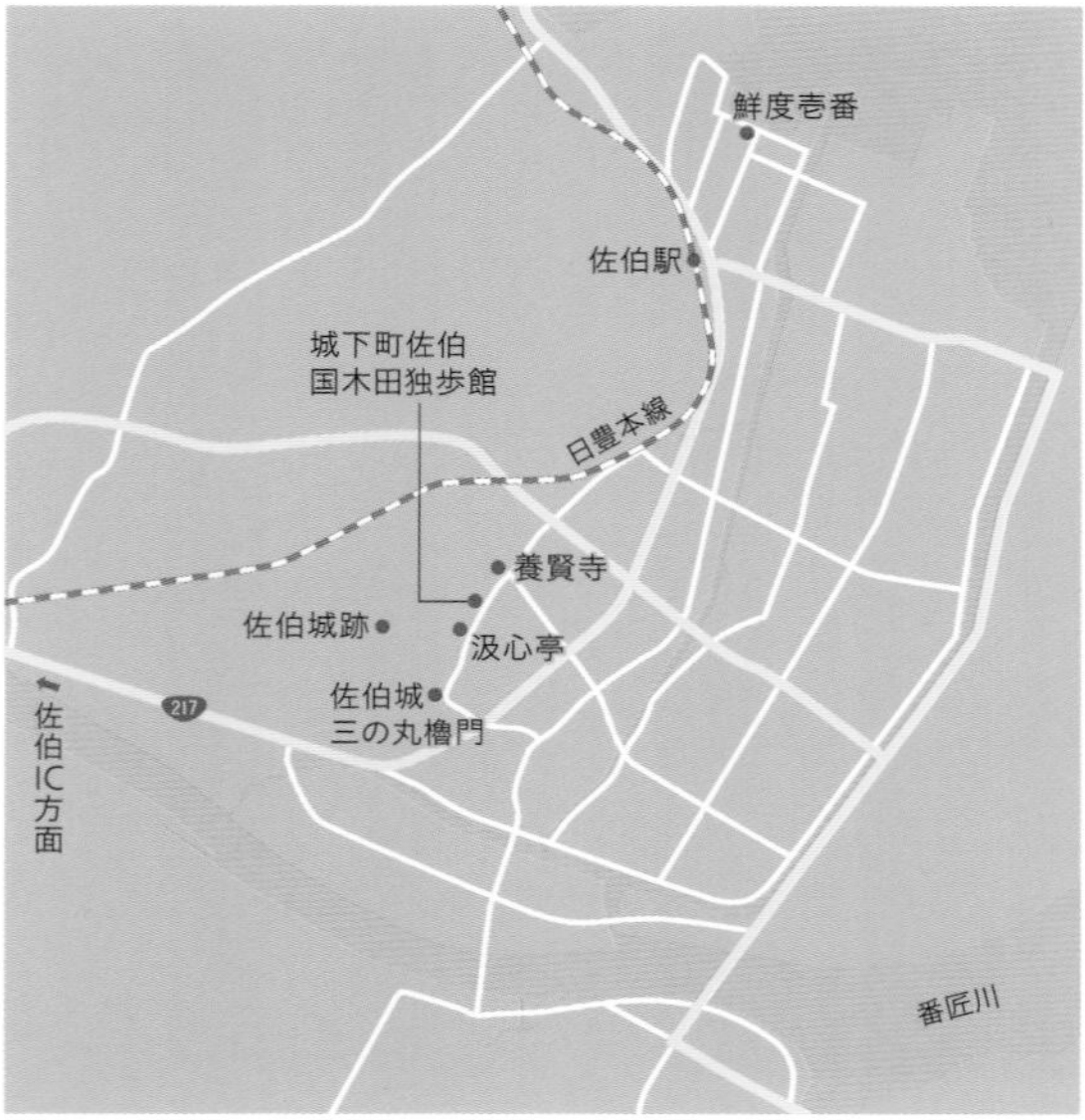

★山際通りへの行き方
JR佐伯駅より徒歩で約20分
東九州自動車道佐伯ICより車で約15分

城下町佐伯国木田独歩館
住所：佐伯市城下東町9-37
電話：0972-22-2866
開館時間：9:00〜17:00
（入館は16:30まで）
定休：月曜日（祝日の場合は翌日）、
12/29〜1/3
入館料：一般:200円、小・中・
高校生:150円

わが町自慢の
市場食堂

鮮《せん》度《ど》壱《いち》番《ばん》（佐伯市葛港3-21 さいき海の市場○《まる》）

魚のまち、寿司のまち 佐伯を堪能する海の市場

大分県随一の水産都市である佐伯。ここには、江戸時代から「佐伯の殿様、浦で持つ」という言葉もあるそうだ。その佐伯で豊富な海の幸を堪能できるスポットが「さいき海の市場○《まる》」だ。ここでは干物や冷凍の水産加工物がふんだんに取り揃えてあるほか、新鮮な生の魚を扱う店舗「鮮度壱番」もある。

　おすすめしたいのが、こちらの寿司バイキング。その種類は実に二十五～三十種類。一貫ずつ注文することができ、選ぶこと自体がアミューズメントのようで楽しい。購入したお寿司やお刺身、お惣菜は二階のイートインコーナーで食べられる。味噌汁の販売もうれしい心くばりだ。

営業時間
9時30分～18時　1月1日は休業

日田市豆田町《まめだまち》（商家町）

平成16年12月10日選定

古くから城下町、そして交通の要衝として栄えていた豆田町は、江戸初期には幕府の直轄地となった。その後は代官より格上の西国筋郡代が置かれるなど、西国統治の拠点であるとともに九州地方の商業・金融の中心地となっていった。

南北二本、東西五本の通りを中心とした町割は江戸初期の城下町建設の頃の形を残している。枡形の道もその名残だ。通りには江戸から大正時代までに建てられた居蔵造の町家や醸造蔵、洋館など多様な建物が並び、変化に富んだ景観をつくりだしている。見学可能な文化財やカフェなど観光施設も充実している。

重要伝統的建造物群保存地区

杵築市北《きた》台《だい》南《みなみ》台《だい》（武家町）

平成29年11月28日選定

国東半島の南端に位置する杵築は、もとは木付藩の城下町。木付氏、細川氏などが治めたが、正保二（一六四五）年から明治維新までは松平氏の領地となり、現代まで残る地割りの基礎が作られた。平地の少ない土地で、町も起伏を活かした作りとなっている。北側の台地には藩主の居館、南側の台地には武家屋敷、低地は町人町が置かれたという。

酢屋の坂、塩屋の坂と呼ばれる坂を挟んで南北に分かれた台地には、武家住宅の主屋や門などがよく残されており、高台から見下ろす雄大な景観は、他にはない独特の魅力を備えている。

ふるさと再発見の旅　九州1

2023年4月13日 第1刷発行

撮影　清永安雄
原稿　志摩千歳（福岡・長崎）
　　　佐々木勇志（佐賀・大分）
編集　及川健智
地図作成　山本祥子
デザイン　松田行正・杉本聖士（マツダオフィス）

発行　株式会社産業編集センター
〒112-0011
東京都文京区千石四丁目39番17号
TEL 03-5395-6133　FAX 03-5395-5320
https://www.shc.co.jp/book/

印刷・製本　株式会社シナノパブリッシングプレス

ISBN978-4-86311-363-3 C0026
Printed in Japan

ふるさと
再発見の旅

刊行予定のご案内

今後、
シリーズの新刊が刊行される際に、
ご案内をお送りさせていただきます。

ご希望の方は、本書に挟み込まれている「読者ハガキ」にお名前、ご住所など必要事項をご記入いただき、ハガキの「本書へのご意見・ご感想をお聞かせください」の欄に「ふるさと再発見の旅　案内希望」とお書きの上、お送り下さい。

シリーズ　刊行予定

2023年10月　「九州2」
以降、順次「四国」「東海・北陸」「北海道」
（刊行順、タイトル、内容は変更する場合がございます）

シリーズ　好評既刊本

「近畿1」「近畿2」「甲信越」「中国地方」「関東」「東北」

『平家かくれ里 写真紀行』

八〇〇年後の今も残る〝平家のかくれ里〟を訪ねる旅は、失われつつある現代の秘境を写真に収める旅でもあった。

『東海道五十三次 写真紀行』

旧東海道の宿場町に今でも残る旅情豊かな日本の原風景をめぐる旅。

『吉田松陰と萩 写真紀行』

「維新の父」吉田松陰の足跡をノスタルジックな写真でたどる萩の旅。

『日本の海賊 写真紀行』

戦国時代に活躍した海賊の足跡をたずね、海に生き海に散った冒険者たちの夢のあとを追った。

『真田六文銭 写真紀行』

真田父子の軌跡を追って信州、上州、九度山、大坂でゆかりの史跡を取材した写真紀行。

『日本神話のふるさと 写真紀行』

『古事記』の舞台となった地域の写真とともに、神話のストーリーをわかりやすく紹介。

『宿場町旅情 写真紀行』

日本に点在する宿場町の中から二十二ヶ所を厳選。成り立ちや魅力、情緒あふれる景観を収録。

●仕様：A5判／並製本／オールカラー／168～272ページ／本体1600～1800円

〈美しい日本のふるさと シリーズ〉

足掛け四年にわたって全国各地を歩き撮りためた珠玉の写真の数々。伝統的な町並みから名もない農村風景までをオールカラーでお届けするビジュアルガイドブック全五巻。掲載した地域の地図、アクセス情報も収録。

●仕様：A5変型判／並製本／オールカラー／256～304ページ／本体 各2000円